4/15
77

Politik

Peter Brückner / Alfred Krovoza

Staatsfeinde

Innerstaatliche Feinderklärung
in der BRD
Mit einem aktuellen Vorwort
zur Neuauflage von Peter Brückner

Politik 40
Verlag Klaus Wagenbach Berlin

Bitte verlangen Sie vom Verlag den kostenlosen Verlagsalmanach ZWIEBEL: er erscheint in jedem Herbst neu!

16.–19. Tausend 1976

Druck: aprinta, Wemding
Bindung: Hans Klotz, Augsburg
Umschlag: Jürgen Holtfreter nach einer Lithographie von Alfred le Petit

ISBN 3 8031 1040 8

Inhalt

Vorwort zur Neuauflage 1976

1

Unüberhörbar klang – für unsere Ohren – immer etwas mit, wenn der Staat (bzw. die regierenden Parteien) vor den »Radikalen« warnte und ihrer angeblich zunehmenden Gewalttätigkeit. Was mitschwang, war die versteckte *Warnung an die Gewarnten,* die arbeitenden und abhängigen Klassen: das jetzt und wieder aktualisierte Arsenal der Innerstaatlichen Feinderklärung ließe sich – falls es einmal nötig werde – ebenso gut gegen sie selbst richten (S. 33). Das war, für uns, keine *Hoffnung:* so als schüfe die Militarisierung des Staatsapparats zureichende Bedingungen für kollektive Lernprozesse in den noch vorrevolutionären Massen, sondern Ausdruck von *Sorge* – vor Refaschisierungs-Tendenzen in der Bundesrepublik (S. 34). Die politischen Freiheiten, so schrieb Friedrich Engels vor fast 100 Jahren, sind »unsere Waffen im politischen Kampf«. »Und wir sollten die Arme verschränken, wenn man sie uns nehmen will?« Einige Beobachtungen in den seit dem Erscheinen der »Staatsfeinde« vergangenen Jahren haben diese Sorge bestätigt: die »Warnung an die Gewarnten« tritt aus dem Versteck.

Herbst 1973: An der Pforte eines Betriebs in Stuttgart, in dem gestreikt wird, fordert die Polizei die Aushändigung der Personalliste sämtlicher Betriebsangehöriger. Streikende Arbeiter, die sich versammeln, werden von Polizeibeamten in Zivil mit verborgenen Mikrophonen bespitzelt. Der Streik, wiewohl legal, wird damit als *Subversion* definiert. Oder, im Februar 1976: Flugblatt-Verteiler vor dem Gelände einer bestreikten Fabrik in Ulm werden erkennungsdienstlich behandelt, ohne einen zusätzlichen Anlaß dafür gegeben zu haben. Die Kriminalpolizei versucht noch Tage danach zu ermitteln, wo (und wie lange) in den betroffenen Unternehmen die Arbeit niedergelegt worden war, und ob weitere Streiks denkbar wären: paramilitärische Erkundung der »Feindlage«? Im Mai 1976 demonstrierten etwa 60 Lehrlinge vor einem Stuttgarter Hotel, in dem gerade über Manteltarife verhandelt wird. Es erscheint die Polizei, und nicht nur mit Blaulampe und Martinshorn, sondern die Maschinenpistolen im Anschlag. Der Druck der Waffen mag sich in diesem Falle offiziell nur gegen die »Störung« der Tarifverhandlungen gerichtet haben, aber auch demonstrationsfreie Verhandlungen im nicht weit entfernten Reutlingen, Juni d. J., standen unter polizeilicher Beobachtung. Während die Polizei diese und andere Observierungen oder Ermittlungen bei Protesten der Gewerkschaft bald für »zufällig«, bald für ein »Versehen« ausgab, also *wußte,* daß ihre Tätigkeit hier »konspirativ«, jedenfalls nicht öffentlich legitimierbar war, sprach F. Steinkühler, Bezirksleiter der baden-württembergischen IG Metall, sehr genau von einer *Kriminalisierung der Tarifverhandlung.* Steinkühler: Über die IG Metall würden »Erkenntnisse« gesammelt, die weit über sog. polizeiliche Vorkommnisberichte hinausgingen; die Aktionen der Polizei richteten sich »gegen die Arbeitnehmer in diesem Lande und gegen jeden, der nicht den Ruhe- und Ordnungsvorstellungen unserer Obrigkeit entspricht«.*

Das Streikrecht der Arbeiter ist Verfassungsrecht. 1972, als die »Staatsfeinde« erschienen, berichteten wir im wesentlichen über die Illegalisierung ganz *bestimmter* Streiktypen (die sog. wilden Streiks, S. 39), erinnerten aber daran, daß in den *Notstandsgesetzen* von 1968 das Schutzrecht für Arbeitskämpfe eine merkwürdige Gestalt angenommen hatte – eine Gestalt, in der sich die Kontur eines »erwarteten Gegners« indirekt abzeichnete, von dem niemand öffentlich sprach: der arbeitenden und abhängigen Klassen (S. 53). Inzwischen *nivelliert* der staatliche Machtapparat anscheinend die frühere Differenz in der Behandlung von ›offenen‹ und ›latenten‹ Staatsfeinden. Wie die Observierung (und »Kriminalisierung«) von Tarifgesprächen und Arbeitskämpfen zeigt, werden demokratische Rechte der Fabrik *polizeilich* abgebaut – nicht mehr nur virtuell, im Kriegsspiel, im Manöver (wie vom Bundesgrenzschutz schon 1956). Die Regierung, oder der Staatsschutz, setzen nicht mehr nur auf den stummen Zwang der ökonomischen Verhältnisse und die ordnungsstiftende Funktion der Betriebshierarchie bzw. die Kompetenzen der Werksleitung. *Dem Prinzip nach* erscheint uns die Definition des Streiks als *Subversion* und die Einschaltung von konspirativen Formen des Staatsschutzes in die Observation streikender Arbeiter als Akt des *nicht erklärten Notstands.*

Die Observierung von Tarifverhandlungen und die polizeiliche Ermittlung unter streikenden Arbeitern ist nur *ein,* sogar relativ stilles, Merkmal für den sich verbreiternden Einflußbereich des Staatsschutzes, d. h. für eine fortschreitende Verschiebung der innenpolitischen Machtverhältnisse. Eben diese Auswirkung: Funktionszuwachs für die Exekutive, sprunghafte Erhöhung der finanziellen, personellen und technischen Ausstattung, hat neben der Fahndung nach »Terroristen« die Überprüfung von Bewerbern für den öffentlichen Dienst durch die Landesämter für Verfassungsschutz gehabt. Wer einmal hat, dem wird noch gegeben: zusätzliche Kompetenz und Ausrüstung. Nach dem neuen *Polizeigesetz,* das zur Zeit von den Länder-Innenministern beraten wird, werden nicht nur die Befugnisse der Polizei bei Kontrollen und bei der Durchsuchung von »Personen und Sachen« erweitert, sondern ihre Befugnisse werden *militarisiert* (vgl. schon S. 30)**. Es soll nicht nur der Gebrauch von Handfeuerwaffen gegen eine Menschenmenge neuerdings zulässig sein, aus der heraus es zu »Gewaltsamkeiten« kommt, sondern auch der Gebrauch von *automatischen Waffen,* die bisher nicht zur

* Frankfurter Rundschau, 12. 6. 1976, S. 4. Wir fürchten, daß es schon nicht mehr *eindeutig* nur »um Ruhe und Ordnung« geht, vgl. später.

** Quelle: Süddeutsche Zeitung, 12./13. 6. 1976, S. 7

Ausrüstung der Polizei gehörten, und die zur »Ausschaltung« einzelner Personen ungeeignet sind. Handgranaten wie ursprünglich vorgesehen, erhält die Polizei zwar (noch?) nicht, aber die vorgesehene Regelung für den Todesschuß führt die Todesstrafe hinter dem Rücken der Verfassung wieder in den Alltag der BRD ein.*

Wie so häufig in den vergangenen Jahren wird auch damit nur eine bereits bestehende Praxis nachträglich legitimiert. *Der Übergriff wird Rechtsnorm***. Zugleich wird die Polizei *politisiert* und nähert sich nach Auftrag und Einstellung den klassichen konspirativen Organen des Staatsschutzes . Sie erwirbt sich, so unlängst der Chef des BKA, *Herold,* in einer Fachzeitschrift, durch Beobachtung und Ausspähung von Vorgängen in der Bevölkerungs-Basis und in der Politscène ein Erkenntnisprivileg gegenüber anderen Einrichtungen des Staats; ein Privileg, das sie, so wieder *Herold,* aus der Rolle des bloß passiven Befehlsempfängers herauswachsen lasse, sie werde zur *gesellschaftssanitären Einrichtung.* Kurz und nicht allzusehr übertrieben: Für die Polizeiführung sind wir schon ein Polizeistaat.
Politiker der SPD und FDP, die der CDU/CSU und dem gesamten Konservatismus die Einleitung und Förderung des skizzierten Transformationsprozessses in einen Polizeistaat abgenommen haben, schwanken zwischen naivem Stolz darauf (so Innenminister Maihofer: die CDU-Regierung habe zu ihrer Zeit die »Innere Sicherheit« sträflich vernachlässigt) und ausdrucksvollem Erschrekken über Teilaspekte der Transformation, beispielsweise über den Radikalen-Erlaß (wie im Frühjahr 1976 Bundeskanzler Schmidt und, vor allem, Willy Brandt). So wie sie am Numerus clausus die Konkurrenz in den Schulklassen bestürzt, so an den Berufsverboten (und Überprüfungen aller Bewerber für den öffentlichen Dienst) die Produktion von Duckmäuserei, von Anpassung unter den jungen Leuten. »Tatsächlich ist es so, daß der Versuch, der mit dem sogenannten Extremistenbeschluß Anfang 1972 gemacht wurde, eindeutig als gescheitert zu betrachten ist. Das habe ich einzugestehen. Ich

* Eine im Auftrag der »Berghof-Stiftung für Konfliktforschung« an der FU Berlin durchgeführte wissenschaftliche Studie über den polizeilichen Todesschuß bzw. den Schußwaffengebrauch der Polizei kam zu dem Ergebnis, daß »mit der ausdrücklichen Legalisierung des Todesschusses der Polizei (...) der staatliche Gewaltapparat weiter ausgebaut« werde. »Menschliches Leben«, so schreiben die Verfasser der Studie, »werde unter bestimmten restriktiven Bedingungen ausdrücklich zur Disposition staatlicher Organe gestellt«. Diese Legalisierung sei insofern als *Entrechtlichung* zu werten, da die bisher für den Todesschuß geltenden Rechtsgründe (Notwehr, Notstand) unberührt blieben. Hinzu komme, daß die von den meisten Bundesländern betriebene Ausbildung von Präzisionsschützen »natürlich zwangsläufig den Prozeß (fördere), den Todesschuß als ›einziges Mittel‹ zu propagieren«. Außerdem ermittelten die Verfasser, daß die Polizei in der überwiegenden Zahl der Fälle von der Schußwaffe Gebrauch mache, *um den Strafanspruch des Staates sicherzustellen* (Fluchtverhinderung, Festnahme), nicht jedoch um einen unmttelbar bevorstehenden Angriff (oder eine schwere Straftat) zu verhindern. – Vgl. Frankfurter Rundschau, 25. 6. 1976, S. 2
** Er war ja »präventiv«, vgl. später.

habe mich damals geirrt«, so Willy Brandt. Aber das Problem liegt doch tiefer, jedenfalls nicht nur dort, wo es von Vielen öffentlich beklagt werden kann. Ja, die beredte Klage über den Zerfall von »Zivilcourage« oder von Solidarität lenkt vom *systematischen* Stellenwert der beklagten »Folgen« für die Innerstaatliche Feinderklärung und für den latenten Bürgerkrieg ab: Die Verstärkung einer schwer kontrollierbaren Exekutive, und die Förderung verfassungsfeindlicher Lernprozesse in der Beamtenschaft. Viele Beamte, so steht zu fürchten, haben inzwischen gelernt, daß unter Umständen ein *autoritäres Regime* notwendig ist, um die freiheitlich-demokratische Grundordnung zu retten*.

Der ehemalige Ministerpräsident von Niedersachsen, *Kubel* (SPD), meint dagegen offenbar, mit den politischen Überprüfungen ein zusätzliches Eignungskriterium entwickelt zu haben: »Wem bei solchen Verfahren Angstgefühle erwachsen, die zu Duckmäusertum führen, zeigt damit vielleicht einen Mangel an, der ihn für seine Verwendung an einflußreicher Stelle im öffentlichen Dienst kaum empfiehlt« (Hannoversche Allgemeine Zeitung, 18. 5. 1976).

Es wäre fahrlässig, zu überhören, wie oft diese Vorstellung: ein autoritäres Regime müsse die »Freiheiten retten«, in den CDU/CSU-Apologeten der chilenischen oder uruguyaischen Militärdiktaturen umgeht**.

Einige Juristen, und nicht einmal nur liberale, erschrecken vor flankierenden Maßnahmen der *Legislative,* die es inzwischen wieder gelernt hat, in Termini von Staatssicherheit zu denken: Wir nennen hier nur die Gesetze, mit denen die Rechte der Verteidiger in politischen Strafsachen eingeschränkt worden sind (»Stammheimer Gesetze«***) und die schärferen Gesetze gegen den *Terror,* die im Sommer 1976 vom Bundestag verabschiedet wurden****.

* Vgl. Franz J. Hinkelammert: »Die Radikalisierung der Christdemokraten«, Rotbuch 149, Berlin, 1976

** Rheinischer Merkur vom 26. 3. 1976: »Die Methoden der Armee Uruguays sind vom einfachen Volk gebilligt worden, das endlich einmal Ruhe, Ordnung und Sicherheit haben wollte (. . .) Ist uns vielleicht Lateinamerika in der politischen Entwicklung ›voraus‹? Ohne Zweifel. Nicht nur im Terror und der Terrorbekämpfung, nicht nur in den ›Techniken‹ (. . .)«. Der CSU-Abgeordnete Todtenhöfer wurde wegen seines öffentlichen Eintretens für die chilenische Junta schon einmal satirisch als »Abgeordneter für den Wahlkreis Santiago« bezeichnet.

*** Vgl. »Politische Prozesse ohne Verteidigung?« Politik 62, Wagenbach, Berlin 1976; »Ausschluß der Verteidiger – wie und warum«, Internat. Marxist. Diskussion, Arbeitspapiere No. 17, Merve, Berlin 1975

Es handelt sich um Änderungen des Strafgesetzbuchs (§ 129 und Ausweitung der Anzeigepflicht), der Strafprozeßordnung (Erleichterungen für die Anordnung von U-Haft), des Gerichtsverfassungsgesetzes (Verteidigerausschluß) und der Rechtsanwaltsordnung (Überwachung des Schriftverkehrs Verteidiger/Mandant). CDU und CSU haben diese Änderungsvorschläge als halbherzig bezeichnet, sie seien mehr »Beruhigungspille als wirkliche gesetzgeberische Tat«.

**** Nach einer Meldung der Hannoverschen Allgemeinen Zeitung vom 4. 6. 1976 soll es sichergestellt werden, daß die Bestimmungen der neuen Gesetze auch in Verfahren

Ein SPD-Mitglied des Bundestags, dessen Namen wir leider nicht notiert haben, erklärte im Frühjahr öffentlich, *Spanien* könne erst dann Mitglied der EG werden, wenn es seine Antiterrorgesetze abschaffe – er bezog sich auf jenes Bündel von Gewaltmaßnahmen, das der zu Recht endlich verstorbene Franco noch kurz vor seinem Tode beschlossen hatte. Es ist gewiß nicht ohne Peinlichkeit, wenn wir einen SPD-Abgeordneten, mit dessen Forderung wir übereinstimmen, daran erinnern, daß Franco und seine Regierung sich bei dem Erlaß ihrer Antiterrorgesetze unter anderem nachdrücklich auf die Gesetzgebung der BRD seit 1971 berufen haben.

Mancher erschrickt schon früher. Erschrickt über das Klima eines *universalen Verdachts*, das in den vergangenen Jahren produziert worden ist, ein McCarthy revividus, der Mitglieder der FDP oder SPD nicht verschont. Indessen gilt hier, was wir weiter oben zur Klage über die Erzeugung von Duckmäuserei sagten: Dieses sympathische Erschrecken sollte dem strukturbildenden Aspekt des »universalen Verdachts« gelten, dessen *organisatorischer* Seite. Denn diesem universalen Verdacht folgte die Ausdehnung des Staatsschutzes bis in das alltägliche Erfahrungs- und Tätigkeitsfeld vieler Staatsbürger, das Psychologische wird gleich *praktisch*. In Niedersachsen beispielsweise ist ein *Verfassungsschutzgesetz* verabschiedet worden, das alle Personen in Behörden des Landes, der Gemeinden und der unter Landesaufsicht stehenden Einrichtungen, *wie Schule und Universität*, dazu verpflichtet, dem Verfassungsschutz unaufgefordert von »Beobachtungen« über Vorgänge zu berichten, bei denen Terrorismus oder Spionage im Spiel sein könnten*. Zugleich soll es dem Verfassungsschutz erlaubt sein, seine »Erkenntnisse« auch an nichtstaatliche Stellen (Betriebsführungen, Rektorate) weiterzuleiten, »soweit dies zum Schutze der freiheitlichen demokratischen Grundordnung (...) erforderlich ist«. Herr Carstens (CDU-MdB) versteht unsere Sorge darüber nicht: »Sie sollten etwas mehr Zutrauen zur Verwaltung und etwas mehr Mißtrauen gegenüber den Kommunisten haben, dann würden Sie richtig liegen«**.

angewendet werden können, die bereits begonnen hatten, als es die Verbotsbestimmungen des Gesetzes noch gar nicht gab.

* Vgl. Süddeutsche Zeitung, 12./13. Juni 1976, S. 11. Ursprünglich sollte sich die Denunziationspflicht auf alles beziehen, was »den Verfassungsschutz interessieren könnte«. Die kleine Entschärfung wurde weniger durch die Wachsamkeit einiger Parlamentarier, als vielmehr durch den Regierungswechsel in Niedersachsen möglich: die SPD diskutiert die von ihr (und ihrem damaligen Partner, der FDP) selbst eingebrachte Vorlage jetzt aus dem Blickwinkel der *Opposition*.

Der SPD-Antrag, durch Verfassungsänderung einen Parlamentarischen Kontrollausschuß einzurichten, war von vorneherein zum Scheitern verurteilt, weil er einer Zweidrittelmehrheit bedurft hätte. Von dem CDU-Abg. *Jahn* wurde der Antrag jedoch auch deswegen abgelehnt, weil ein derartiger Ausschuß ja durch verfassungsfeindliche Kräfte *im Parlament selbst* »unterwandert« werden könnte. – Frankfurter Rundschau, 25. 6. 1976. Das ist im Prinzip die Abschaffung des Parlaments!

** Bundestag, 8. 11. 1975

Zutrauen auch zur Verwaltung unserer Gefängnisse? In der *Grauzone des Rechtsstaats,* dem Strafvollzug, werden im Falle politischer Häftlinge nicht nur Normen der Humanität vom Tisch gewischt*. Wer noch daran glaubt, dies habe mit der »besonderen Gefährlichkeit« der Inhaftierten zu tun; wer überliest, daß so auch Todkranke behandelt worden sind, die nicht rechtskräftig verurteilt, manchmal nicht einmal der »besonderen Gefährlichkeit« verdächtigt waren**, der sei wenigstens daran erinnert, daß es in der BRD schon einmal eines Verteidiger-Komitees bedurfte (»Initiativausschuß für eine Amnestie in politischen Strafsachen«), um politisch Inhaftierte vor der Verletzung sozialer und rechtsstaatlicher Normen zu schützen: es waren damals, nach 1956, inhaftierte Kommunisten, die nach dem Verbot der KPD als Mitglieder einer »Kriminellen Vereinigung« (§ 129 StGB), meist aufgrund lausiger Prozesse, verurteilt worden waren***.

Der Polizeistaat in statu nascendi sichert sich durch weitere flankierende Maßnahmen vor öffentlicher Kritik. Prozesse wie gegen Klaus Wagenbach machen aus der für eine bürgerliche Demokratie unabdingbaren öffentlichen Kontrolle (der Polizei) ein kriminalisierbares Delikt, die *Beleidigung* der Polizei****. Das *J'accuse* wird auf die Teufelsinsel deportiert. »Flankierende Maßnahme« für die Reise in die Faschisierung sind unter anderem die neuen *§§ 88 a, 126 a und 130 a* (14. Strafänderungsgesetz).

Er untersagt die Billigung von Gewalt bei Strafe. Nicht mehr die Rede soll sein von Gegengewalt: aus der öffentlichen Arbeit des Denkens und der Diskussion soll die Vielfalt der Formen vertrieben werden, die der Widerstand gegen Ausbeutung und Herrschaft annimmt. Ausschließlich die herrschenden Klassen, ausschließlich der Obrigkeitsstaat definieren, was jeweils »Gewalt« heißen soll, und was öffentlich erörtert werden darf*****. Sind Ereignisse wie die von *Whyl******* oder von *Erwitte******** »Gewalt« im Sinne der neuen Strafrechtsänderung? Da schon Veröffentlichungen krimina-

* Kursbuch 32: Folter in der BRD/Zur Situation der Politischen Gefangenen, Berlin, 1973

** Wie Katharina Hammerschmidt (die sich bekanntlich den Behörden freiwillig gestellt hatte) und Karl-Heinz Roth. Und warum weisen durch Schüsse schwerstverletzte Personen zugleich Bißwunden von Polizeihunden auf, nach den Schüssen entstanden?

*** »Politische Prozesse ohne Verteidigung«, S. 30 ff.; ferner: H. M. Enzensberger, »Staatsgefährdende Umtriebe«, Voltaire Flugschrift 11, Berlin 1967, und schon Lutz Lehmann: »Legal und Opportun«, Berlin, 1966

**** Vgl. »Die Erschießung als üble Nachrede«, in: Die Erschießung des Georg von Rauch, Politik (Sonderband), Wagenbach, 1976

***** Wer die chilenische Militärjunta (oder die Folter in Uruguay) billigt, wird mit Sicherheit *nicht* bestraft.

****** »Lieber heute aktiv als morgen radioaktiv«. Whyler Bauern erzählen. . ., Politik 65, Wagenbach, Berlin 1976

******* Vgl. R. Duhm/E. Maus: »Erwitte«, in: Krise und Gegenwehr, Rotbuch Verlag, Berlin 1975 (S. 64 ff.).

lisiert worden sind, in denen zum *Klassenkampf* aufgerufen wurde, werden sich auch in den genannten Fällen Staatsanwälte (und Richter) finden lassen, die sie kriminalisieren. (Die Platzbesetzungen in Whyl, die Auseinandersetzung mit der Polizei *war* »Gewalt«)*. Daß Erzeugnisse der Wissenschaft und der Kunst aus dem Sanktionssystem des § 88 a entlassen worden sind, tröstet kaum. Was ist Wissenschaft? Juristen werden darüber entscheiden. Erfahrungen sprechen dafür, daß die Obrigkeit davon ausgeht, Wissenschaft und Grundgesetz *könnten* nicht konfligieren. Der Dissident wäre dann strafbar als Agitator, der sich nur wissenschaftlich tarnt. Die Tendenz zur vorwissenschaftlichen Schlichtung der wissenschaftlichen Kontroverse durch Staatsschutz, Strafverfolgung und Personalauslese realisiert sich. Was ist Kunst? Gegebenenfalls liegt dies im Ermessen des Gerichts.

2

Die Geschichte der bürgerlichen Staaten belegt, daß in der Klassengesellschaft ›die Rebellion immer gegenwärtig ist‹ (S. 9). »Regieren« *muß* daher immer auch bedeuten: *Prävention.* »Präventiv« z. B. war seinerzeit die Durchsetzung der Notstandsgesetze.
Seit dem Erscheinen der 1. Auflage der »Staatsfeinde« hat sich die Legitimitätskrise des bürgerlichen Staats verschärft. Infolge der Intensivierung der Fabrikarbeit, der heute und in Zukunft sinkenden Reallöhne und der (Dauer-)Arbeitslosigkeit könnte die (immer nur partielle) Integration der arbeitenden und abhängigen Klassen in den »sozialen Frieden« hinfällig werden. Die Sozialstaats-Illusion, die doch nur solange Bewußtsein und Handeln der Arbeiter kontrollieren kann, als sie eben nicht *nur* Illusion ist, könnte schwinden. Die Artikulation des Klassenkonflikts droht; die Staatsgewalt beginnt, Streiks als Subversion zu interpretieren. Allgemein: Die Prävention wird *präventiv gewaltförmig.* Es kündigt sich eine Radikalisierung auch in den »unterentwickelten Gebieten« an, die der Kapitalismus *im Inneren* produziert. Der Staat kann nicht mehr ausgleichen oder die Erfüllung bestimmter Lebensbedürfnisse der Bevölkerung gewährleisten. Für das Schwinden der Massenloyalität (S. 81 ff.), für die Radikalisierung der neuen Getto's hat es in Frankreich oder Italien große Beispiele gegeben; Staaten, die uns dank der EG und des Fremdarbeiter-Imports spürbar nähergerückt sind, und in denen – ein weiterer Grund für die befürchtete Instabilisierung bürgerlicher Herrschaft – über kurz oder lang mit der Beteiligung kommunistischer Parteien an der Regierung zu rechnen ist. »Prävention« stützt sich immer auch auf ein »Frühwarnsystem«.

* Eine manchmal übersehene Tendenz des § 88 a liegt in der Drohung gegen Drucker, Verleger, Verteiler im Falle des Verstoßes: er richtet sich nicht nur gegen die wenigen linken Verlage, sondern auch gegen die *linken Buchläden* (und damit gegen ein ›alternatives Modell‹ von beruflicher Praxis).

Die sog. streitbare Demokratie entschließt sich in dieser prekären Lage zur Verkehrung oder Verwerfung des Rechts*. Da das Privateigentum an Produktionsmitteln noch immer die HEGELsche Angel ist, um die sich alles dreht, rückt der Art. 15 GG., der Sozialisierungen zuläßt, in den Einflußbereich der Prävention. Die Prävention beginnt damit, die Verfassung partiell außer Kraft zu setzen – ihre Aufgabe ist die Unterdrückung der Rebellion, nicht der Schutz der Verfassung. Obwohl unsere Verfassung die Vergesellschaftung ökonomischer Macht nachdrücklich zuläßt, bestehen CDU und CSU darauf, die *Marktwirtschaft* sei mit der FdGO identisch (ein Gedanke, der der FDP und einzelnen Mitgliedern der SPD gewiß nicht fremd ist). Der Präsident des Bundesverfassungs-Gerichts, *Benda,* erklärte schon 1972: Wer die Enteignung von Produktionsmitteln (auf parlamentarischem Wege) anstrebe, könne diese Forderung vielleicht mit Vokabeln verkleiden, die dem Sprachgebrauch der Verfassung der BRD einigermaßen entsprächen, aber sein Verfassungsverständnis decke sich dann nicht mehr mit dem Geiste der Verfassung. Also: Was vom Verfassungs*text* geschützt wird, soll gleichwohl in der politischen Wirklichkeit als *verfassungsfeindlich* gelten.
»Bei dieser Sicht wäre die Frage angebracht, ob die CSU in der Konsequenz dieser Einsicht nicht im Bundestag beantragen sollte, die soziale Marktwirtschaft ausdrücklich ins Grundgesetz aufzunehmen, um sie der überhandnehmenden marktwirtschaftsfeindlichen Verfassungsinterpretation der Systemveränderer zu entziehen«, Rheinischer Merkur, 19. 3. 1976.
Nach dem Willen der CDU/CSU und des Präsidenten des höchsten Gerichts würde Art. 15 GG *verfassungswidrig.* Franz J. Hinkelammert: »Rechtsstaat heißt dann die Sicherung des Privateigentums, die (. . .) zum Ansatzpunkt für die Geltung aller anderen Grundrechte wird. (. . .) Der Rechtsstaat wird nicht abgeschafft, sondern die Abschaffung des Rechtsstaates ist jetzt der Rechtsstaat«**.
Befürchtet wird, wir deuteten es schon an, nicht nur der direkte Angriff auf's Privateigentum an den Produktionsmitteln und die herrschende Position der »nichtarbeitenden Besitzer«. Befürchtet wird die Erosion des Machtapparats der westeuropäischen Staaten, eine Gefährdung der NATO. Kommunisten in der Regierung Italiens? Portugal sozialistisch? Ein Albdruck. Jeder Einfluß und Eingriff in solche Entwicklungen ist da recht. Wir befinden uns außerdem seit Jahren unter dem Einfluß eines neuen Typus von Gewalt. Die imperialistischen Mächte, auch in Europa, benötigen eine »Counter-Insurgency-strategy«, um jener Form bewaffneten

* Erörterungen nach dem Vorfall von Entebbe (Uganda) in Fernsehen und Presse haben gezeigt, daß die Exekutive (und die Reaktion) diesen Prozeß gern beschleunigt hätten: Gefordert wird eine weitere Verringerung der politischen Kontrolle exekutiver Apparate
** a. a. O., S. 91

Kampfs zu begegnen, die sie als *Terrorismus* bezeichnen. Sein imperialistisches Gegenstück, die Aktivität des US-amerikanischen CIA seit dem Ende des 2. Weltkriegs, ging dem Terrorismus der Befreiung voraus. Counter-Insurgency, das deckt auch Programme der Neo-Kolonisation.

Die Entstehung bewaffneter Gruppierungen in der BRD seit 1970 – einem Land, das beispielsweise reaktionären Regimes wie in Brasilien oder Südafrika den Weg zur *Atomtechnologie* eröffnet hat, und während des Vietnam-Kriegs ein Paladin der Vereinigten Staaten war – gab einen zusätzlichen Anlaß dafür, das Gewicht der Exekutive und der Organe der Staatssicherheit zu erhöhen. Wahrscheinlich gibt U. Matz* Legitimationstheorien des Staats recht gut wieder, wenn er zum Problem der Gruppierungen wie RAF, Bewegung 2. Juni erklärt, sie seien ein »dringliches Alarmzeichen«: »Sie haben Gewalt als Mittel der Politik (. . .) in den innerstaatlichen Raum der freiheitlich-rechtsstaatlichen Demokratie hineingetragen und damit das Bewußtsein von der Legitimität dieser politischen Ordnung von einem fundamentalen Punkt in Frage zu stellen versucht«. »Die Erschütterung der Legitimität als die *spezifische politische Krise* (ist) in ihrer Wirkung auf den Bestand einer politischen Ordnung weit gefährlicher als jede nur soziale oder ökonomische Krise, denn hier steht die Einheit der politischen Gesellschaft als solche unmittelbar auf dem Spiel«.

Eine *Legitimationstheorie,* denn die »spezifische politische Krise« von U. Matz (Gewalt als Mittel der Politik in den innerstaatlichen Raum der Demokratie hineintragen) beginnt, wenn die *Prävention* den Bestand der Herrschafts-Ordnung gefährdet sieht, und in Abhängigkeit von ihrem Organisiertheitsgrad, in der einen oder anderen Weise *gewaltförmig* wird. Ihre Einschätzung der Lage drückt sich deutlich aus: etwa in der Auslegung von möglichen Vorboten der ›Rebellion‹ als ordnungsgefährdend-terroristisch, wie spätestens seit 1967 in der Interpretation der Protestbewegungen. Schon die Bereitschaft, ein »Puddingbomben-Attentat« prima facie für ein wirkliches zu halten, *längst ehe die Rebellion an ein wirkliches denkt,* wie 1966 bei dem Besuch des US-Vizepräsidenten Humphrey in Westberlin, signalisiert den Präventionsstand der Staatsschutz-Behörden. (Er *produziert* mit seiner Logik den Gedanken an einen Angriff auf den Staatsschutz). Es ist für die Geschichte der Prävention in der BRD kennzeichnend, daß die »politische« der offenen sozialen oder ökonomischen Krise im Sinne von Matz *voranging.* Die ›Vorboten der Rebellion‹ sammelten sich an Knotenpunkten der Staatlichkeit: wie 1958/59 als Antwort auf die geplante atomare Aufrüstung der Bundeswehr, oder der Notstandsgesetzgebung (1958–1968). Bemerkenswert, daß »Vorbote« in diesen Jahren, kritische *Antwort* auf den Siebenmeilen-Stiefel der Prävention, auch die

* »Politik und Gewalt. Zur Theorie des demokratischen Verfassungsstaats und der Revolution«, Freiburg, 1975

Gewerkschaften und die SPD waren. Sie ahnten oder wußten, daß »Prävention« im Falle der Notstandsgesetze weniger die Demokratie, und damit die Opposition, vor künftigen Rebellionen schützen sollte, sondern den Staatsapparat (und das politische System) vor der staatsbürgerlichen Emanzipation, und die von der damaligen Regierung vertretenen wirtschaftlichen Interessen vor dem Zugriff innerer oder äußerer Krisen.
Die Rebellion der Studenten organisierte sich und wurde zu einer Bewegung erst nach dem Besuch des persischen Schahs in Westberlin*. Es herrschte erstmals der »nicht-erklärte Notstand«**. Die Erschießung von Benno Ohnesorg war ohne eine entsprechende Bewußtseinslage der Polizei: gewaltförmige Prävention, »Emanzipation« des Staatsapparats von demokratischen Kontrollen, kaum denkbar, und hat schon eine *Entfaltung* der »spezifischen politischen Krise« ausgedrückt. Der Irrtum des Humphrey-Attentats, d. h. die Logik der Prävention, wiederholte sich in anderer, härterer Gestalt und kostete erstmals einen Toten***. Es war die gleiche Logik der Prävention, die aus den immer *virtuellen* »Besetzungen« – der Universität, des Rektorats usw. – durch antiautoritäre Studenten eine *faktische* machte, indem sie Räume und Gelände durch Polizei-Hundertschaften besetzen, »einnehmen« ließ. Denn daß Studierende faktisch Räume und Gelände besetzten, hob den virtuellen Charakter der Aktionen nicht auf. In der von der Polizeibesetzung definierten Situation erst erscheinen die Studierenden als Konkurrenz der Prävention; die Besetzung wird von der *Staatsgewalt* definiert als Teil eines *Kampfes um Macht*. Der intellektuelle oder symbolische Gehalt der virtuellen Aneignung wird von der staatlichen Exekutive ausgetrieben. Es beginnt ein Prozeß, in dem die so Definierten bald ein Stück ihres Selbstverständnisses aus den Händen der Gegner, d. h. der gewaltförmigen Prävention, entgegen nehmen.
Die ökonomischen Auswirkungen der ersten Rezession der BRD nach ihrer Prosperitätsperiode, 1966/67, hatten für die Entfaltung der Prävention *und* für die Artikulation einer rebellischen Alternative geringere Bedeutung als die gerade notierten Knotenpunkte von Staatlichkeit. Freilich: die präventive Tendenz in der parlamentarischen Demokratie, deren »Involution« (J. Agnoli) sind die staatliche, politische *Form,* in der sich säkulare Krisentendenzen des Kapitalismus ausdrücken; fortlaufend, aber manchmal in ›staatsautonomer‹ Zeitgestalt. Die *wirkliche* »politische Krise« entsteht in der Tat nicht dort, wo die paramilitärische, subversive Gruppe (RAF) sich mit der schon *vorlaufend* paramilitärisch-subversiven Präven-

* Sie begann, wie bekannt, mit dem Versuch Berliner Studenten, ihre politischen Rechte an der FU zu realisieren.
** Kursbuch 12, Suhrkamp Verlag, 1968
*** Einen zweiten Toten, der mit einiger Sicherheit auf Kosten der Polizei geht, brachte das Springer-Ostern 1968 in München.

tion verschränkt, sondern dann, wenn sich die reichen und einflußreichen Leute einer sie bindenden, verfassungsmäßig geordneten Form von »Staatlichkeit« zu entledigen trachten. Wir haben am Streit um den Art. 15 GG die *formal* noch an die Spielregeln der parlamentarischen Auseinandersetzung gebundene Fassung dieser fundamentalen Krise erwähnt. Sie nimmt gegenwärtig *außerparlamentarische* Züge in der Öffentlichkeit an:
»Der Mut breiter Schichten des chilenischen Volks und des Militärs, auch in einer verunsicherten und manchmal schon feige gewordenen westlichen Welt, eine drohende kommunistische Diktatur zu verhindern, verdient Respekt«, erklärte 1975 *Pieroth,* CDU/MdB. Das ist mehr als Ignoranz. Was von ihm »Mut« genannt wird, war, wie Pieroth weiß, ein Putsch »von oben«, eingeleitet unter Mithilfe des CIA, eines typischen Präventionsorgans. Kurz: Die Prävention in der BRD durchläuft einen *Zielwandel,* geht in die Aufforderung zum Hochverrat über und enthüllt sich in einzelnen Vertretern als *Bewußtseinslage des Bürgerkriegs.*

Vorbemerkung

»Der Faschismus von heute bedeutet nicht mehr die Eroberung des Innenministeriums durch extrem-rechte Gruppen, sondern die Eroberung Frankreichs durch das Innenministerium.«

Gauche prolétarienne

Was gegenwärtig in der Bundesrepublik vorgeht oder erst anläuft: Verschärfungen in der Regelung des *Klassenkonflikts*, die Kriminalisierung jeder *Fundamental-Opposition* (und die tendenzielle Verschmelzung von ›Mitte‹ und ›Rechts‹ zu einem konservativen Block) verändert die *Lage der Linken* an Hochschule und Universität. Wenn er nur wollte, durfte ein Theoretiker sich gestern noch als erschrockener Zeuge einer politischen Entwicklung verstehen, die in der Logik dieses staatlichen Gebildes, weil in der *aller* kapitalistisch verfaßten Gesellschaften lag; und ein Lehrer als bloßer Ankläger einer Politik, die das Gesetz nur erfüllte, wonach die BRD nach 1945 angetreten war – heute werden beide zu materiell *Betroffenen* der veränderten Qualität, die der Konflikt um kontroverse Zielsetzungen im Klassenstaat annimmt. Nicht, daß es dieser Erfahrung erst bedurft hätte, um uns den Realitätsgrad unserer Analysen zu bestätigen; nicht, daß wir in früheren Jahren in Prognose und Entscheidung unsicherer gewesen wären, aber festhalten müssen wir es doch: Die objektive Proletarisierung der Intelligenz hat für die sozialistischen Intellektuellen insofern eine neue Konkretionsebene erreicht, als dieser Proletarisierungsprozeß der Selbsterfahrung ein Stück weiter zugänglich geworden ist. Was die Zuspitzung des Klassenkampfs für das revolutionäre Potential einer Gesellschaft im Zustande seiner relativen Schwäche bedeutet, erfahren nicht mehr nur Arbeiter, die entlassen, sozialistische Vertrauensleute, die nicht mehr eingestellt, oder Antifaschisten, die aufgrund irgendwelcher Beziehungen zur KPD erneut eingesperrt werden, sondern auch Studenten, Lehrer und Professoren. Ihre Chance, in der Kontemplation zu verharren, sich *nicht* entschieden auf die Seite der *historisch emanzipativen Kräfte* zu stellen, ist geringer geworden.

Sie gehören zu ihnen – darüber werden sie nun belehrt; aber als Teilnehmer am Prozeß wissenschaftlicher Produktion und Qualifikation: Wir können und wollen nicht »die Tatsache aus der Welt schaffen, daß selbst die Proletarisierung des Intellektuellen fast nie einen Proletarier schafft.«[1] (vgl. S. 107) Auf die Offensive reaktionärer Politik, die uns zu Betroffenen macht, die uns aus dem Status des Zeugen oder Anklägers hervorzieht und uns gewaltförmigen Regelungen innerstaatlicher Verhältnisse unterwirft, müssen wir auch im Medium unserer Lebenstätigkeit, also analysierend und interpretierend, antworten. Vier Fragen haben wir zu stellen: 1) Was finden wir gegenwärtig politisch vor, als die strukturelle *Einheit* des – scheinbar– Mannigfaltigen? 2) Wie sieht das Gefüge von ökonomischen und sozialen *Bedingungen* aus, das auf der Seite von Staatsgewalt und ›staatstragenden Parteien‹ bestimmte Maßnahmen, Pläne und Auslegungen notwendig herbeiführt, und 3) warum *muß* die ›gewaltförmige Regelung innerstaatlicher Verhältnisse‹ gerade die *Linke* treffen? Schließlich, 4), was können wir, was müssen wir tun?

Bei der Antwort auf die erste Frage werden wir noch nahe an den Erscheinungen bleiben, fast typologisch vorgehen. Es erschien uns sogar nützlich, in einer Einleitung diese Erscheinungen reaktionärer Politik ein Stück weit zu sammeln, zu katalogisieren – acht oder zehn Tage Zeitungslektüre, und man lernt wieder zu frösteln.

Eine Analyse der Fernseh-Sendungen Löwenthals soll, im Zusammenhange unserer Analyse, belegen, was Kommunikations-Strategien sein können, wenn soignierte Lügner, Demagogen und Springer-Zeitungen sich ihrer bedienen.

Hannover, im März 1972
Peter Brückner, Alfred Krovoza

I. Zur Einleitung
Streitbare Demokratie oder konservative Revolution?

Da in der Klassengesellschaft ›die Rebellion immer gegenwärtig sei‹, schrieb J. Agnoli im Jahr 1967[1], läge es in der Ausübung seiner Friedensfunktion, daß der Staat von der Friedensstiftung (zwischen Bourgeoisie und Arbeiterklasse) zur Stiftung von Ruhe und Ordnung überginge. »Der alte liberale Staat, der sich wenig um Sozialsicherung, Rentenwesen und Arbeitsmarktordnung kümmerte, kannte nur den nackten Armee- und Polizeieinsatz gegen die streikenden Arbeiter. Der heutige politische Staat darf den Notstand auf alle Bereiche ausdehnen, deren Regelung ihm gesellschaftlich übereignet worden ist. Deshalb zerstört seine Praxis die alte liberale Formel von der Trennung von Staat und Gesellschaft.«[2] An die Formel: *den Notstand auf alle Bereiche ausdehnen* . . . werden wir gegenwärtig erinnert. Ein Katalog der Erscheinungen dieser reaktionären Offensive läßt sich daher nicht in einem Satze aufstellen: vom sogenannten *Berufsverbot*, das Bewerber für das Lehramt an Volks-, Berufs- und höheren Schulen trifft und noch treffen wird, falls sie Sozialisten oder Kommunisten sind (oder als solche gelten), von der Maßregelung ›linker‹ Juristen über neue hochschulpolitische Entwicklungen, über Zensurmaßnahmen gegen sozialistische Verlage bis zur Medienpolitik der regierenden CSU in Bayern, der Befassung des Bundesgrenzschutzes mit Polizei-Aufgaben (und der fortschreitenden Militarisierung von Polizei) erstreckt sich die Friedensstiftung der Staatsgewalt. Die »reaktionäre Bourgeoisie wird mobilisiert, politisch, militärisch und moralisch« (*Gauche prolétarienne*)[3]; deshalb mußten selbst bescheidene Reformvorhaben der gegenwärtigen Regierungskoalition im Bereich des Sexualstrafrechts, des Strafvollzugs oder in Bezug auf den § 218 StGB scheitern, und als weitere Konsequenz dieser Mobilisierung steigt die Zahl der aus politischen Gründen gekündigten Redakteure oder Journalisten in Funk, Fernsehen, Tageszeitungen und Zeitschriften. Auf einige der wichtigsten Bereiche reaktionärer Offensive, in denen sich der Notstandsstaat als Fortsetzung und Krönung des Wohlstandsstaates zeigt (J. Agnoli)[4], werden wir im folgenden eingehen; im wesentlichen registrierend. Interpretation und Analyse sind späteren Kapiteln vorbehalten.

Für die Mobilisierung der reaktionären Bourgeoisie zeugen zwei Dokumente des Deutschen Industrie Instituts: im ersten (›Unternehmerbrief‹ des D. I. I.),

einem Aufruf des Vorstandes in Köln, heißt es u. a.: »Die Existenz des freien Unternehmertums ist gefährdet ... Von links außen nach links innen reicht die Front der Agitatoren«. »Trotzdem übt sich die überwiegende Mehrheit deutscher Unternehmer noch immer in vornehmer Zurückhaltung, wenn es um die Verteidigung ihrer Freiheit geht. – Wenn wir nicht Gefahr laufen wollen, in einer Woge von Fanatismus, Ideologisierung und Reformutopie unterzugehen, müssen wir gemeinsam um unsere Existenz und unser Ansehen kämpfen.« Am 6. 12. 1971 stellt das gleiche Institut fest, es sei ein ›Alarmzeichen‹, daß die Verehrung roter Idole bei Teilen der Jugend zum guten Ton gehöre; die Unternehmerschaft müsse sich der Herausforderung stellen und den Kampf um die privatwirtschaftliche Marktordnung aufnehmen. Löwenthal sprach im ZDF-Magazin von den Sympathisanten des ›Linksfaschismus‹, den er kurz zuvor einen ›roten Faschismus‹ genannt hatte: die Bölls und Brückners und all die anderen sogenannten Intellektuellen seien nicht einen Deut besser als die geistigen Schrittmacher der Nazis.
Und – als ein Beispiel für viele – D. W. Wenger im ›Rheinischen Merkur‹ vom 11. 2. 1972 über die Duldung der Linken an der Universität: »Die unausbleibliche Folge wäre ein von der industriellen Schwächung bewirkter sozialer Zersetzungsprozeß, der über Massenelend den neomarxistischen Politruks die sich an unseren Universitäten eingenistet haben, die bislang fehlenden Revolutionstruppen an geschlossenen Fabriktoren liefern würde. So und nicht anders lautet das langfristig geplante Revolutionsrezept derer, die über die Umbildung der Universität zur marxistischen Kader-Schule jetzt schon dabei sind, die pseudo-akademische Anti-Elite der Umsturzfunktionäre vom Volksschullehrer aufwärts heranzuzüchten. Und so läßt sich dann die Fehlprognose des Propheten Marx, daß die Revolution zuerst im kapitalistischen Westen ausbrechen müsse, korrigieren und zugleich das den Sowjets ärgerliche West-Ost-Gefälle im Lebensstandard, das Osteuropa in der Gärung hält, beseitigen.«

1. »Berufsverbot«

Wir lesen es seit zwei oder drei Jahren häufiger, daß Lehrer (an Volks- und Berufsschulen wie an Gymnasien) gemaßregelt, strafversetzt oder aus dem Schuldienst entlassen werden, weil sie traditionellen und herrschaftskonformen Verhaltens-Erwartungen nicht entsprachen, und zwar auf spezifischen Konfliktfeldern: Sexuelle Aufklärung, Gemeinschaftskunde und Schülermitverwaltung.[5]* Rechtsgrundlage der Sanktionen war das besondere Gewaltverhältnis, unter dem Lehrer stehen, das Disziplinarrecht: Es dient »in erster Linie der Reinhaltung und Erziehung der Beamtenschaft zu beamtenmäßigem Verhalten« (Disziplinarsenat des OVG. f. Nordrhein-Westfalen vom 28. 11. 1964, V 10/64). Konnten die Fälle Flemming, Dressler, Laux u. a., über die wir in den Anmerkungen, S. 109 f., kurz berichten, noch als Symptom von Gegen-Reform verstanden werden, d. h. als Anzeichen des Versuchs, Emanzipation und Aufklärung in der Tradition der ›antiautoritären Revolte‹ aus den Schulen fernzuhalten, so richteten sich neuerdings Sanktionen eindeutig gegen Lehrkräfte, die entweder Mitglieder der DKP waren oder

* Siehe auch die in der Anmerkung auf Seite 109 f. genannten Fälle.

im Verdacht standen, mit ihr zu sympathisieren: Nürnberg, Henne, Booß u. a.*

Der sogenannte Grundsatzbeschluß des Hamburger Senats vom 23. 11. 1971, wonach die »Ernennung zum Beamten auf Lebenszeit bei politischen Aktivitäten des Bewerbers in rechts- oder linksradikalen Gruppen unzulässig« sei – eine fast zynische Formel, die, wie der Beschluß der Länderministerpräsidenten vom 28. 1. 1972 ›zur Frage der verfassungsfeindlichen Kräfte im öffentlichen Dienst‹, die *Linke* trifft, kann zur Ausschaltung *aller* Personen aus dem Schuldienst (bzw. zur Nichtzulassung zum Schuldienst) verwendet werden, die sozialistischen Organisationen oder ›linken‹ Studentengruppen angehören oder *im Verdacht* stehen, mit sozialistischen Zielen zu sympathisieren.**

Noch ist es strittig, jedenfalls in der öffentlichen Diskussion, ob bereits die Zugehörigkeit zu einer nicht näher definierten Vielzahl sozialistischer Gruppierungen oder zur DKP eine Einstellung in den Schuldienst ausschließt, oder ob den betroffenen Individuen besondere politische Aktivitäten nachgewiesen werden müssen. Rudolf Stiege, ein schon aus den Jahren der Studentenrevolte berüchtigter Leitartikler der ›Berliner Morgenpost‹[6], schrieb dazu: »Verwirrt zu sein, hat der Bürger manchen Anlaß ... Wo liegt denn die Grenze zwischen bloßer Zugehörigkeit zu einer extremistischen Partei und persönlicher Aktivität im Sinne dieser Partei?«[7]

Folgende Regelung für die Aufnahme oder den Verbleib im öffentlichen Dienst zeichnet sich ab: Bei bereits verbeamteten Angehörigen des öffentlichen Dienstes wird die Beweislast für verfassungsfeindliche Einstellungen und Aktivitäten beim Staat liegen, im Falle der Neueinstellung wird die Beweislast beim Bewerber liegen – er muß aktiv den Nachweis seiner Unschuld antreten. Der Unterschied ist so groß nicht, da das besondere Gewaltverhältnis Beamtenstatus nach herrschender und gegenwärtig häufig geäußerter Auffassung einschließt, daß der Beamte »jederzeit und aktiv für die freiheitlich-demokratische Grundordnung eintreten« müsse. Eine Unterlassung würde demzufolge schon politische Bedenklichkeiten heraufbeschwören, was also auch beim Beamten (und nicht nur im Falle der Neueinstellung) auf den Nachweis der eigenen Unschuld hinausläuft. In der Debatte des Niedersächsischen Landtages vom 22. 2. 1972 zum thema probandum »regte« SPD-MdL Drechs-

* vgl. unsere Notizen in den Anmerkungen, S. 109 f.

** Senator Stein (West-Berlin) in einem ›Spiegel‹-Gespräch zur Frage von ›rechts‹ und ›links:‹ »Im Moment, das muß ich ehrlich sagen, sehe ich keine Gefahr von rechts« (14. 2. 1972, Nr. 8). Und – in schöner Übereinstimmung – der Generalsekretär der CDU Baden-Württemberg, General a. D. W. Schall: »Gefahren von rechts sehe ich nicht« (5. 2. 1972, Heidelberger Tageblatt).

ler »an, Bewerbern für den öffentlichen Dienst einen Fragebogen auszuhändigen, aus dessen Beantwortung die Einstellung zur freiheitlich-demokratischen Grundordnung hervorgehen müsse«.[8] In der Absicht, »Hexenjagd und Gesinnungsmuffelei« zu vermeiden, korrigierte Drechsler die seiner Meinung nach zu kurze Pressenotiz unter Hinweis auf seine Äußerungen im Landtag in einem Leserbrief und präzisierte so dankenswerterweise, was Hexenjagd und Gesinnungsmuffelei wirklich sind: »Als besondere Anregung für die Beurteilungen des Einzelfalls wäre zu erwägen, ob von einem Bewerber ein Fragebogen auszufüllen wäre, aus dem seine Einstellung zur freiheitlich-demokratischen Grundordnung erkennbar wird. Eine solche Forderung wäre sicher dann nicht verfassungswidrig, wenn der Fragebogen über die Verfassungstreue hinaus keine Fragen über die politische Grundeinstellung enthält. Diese Fragen müßten aber wegen der bekannten Begriffsvertauschungen von Freiheit und Demokratie, mit deren Hilfe Kommunisten und Rechtsextremisten sogar einen Amtseid auf das Grundgesetz mit gutem Gewissen ablegen, so präzise formuliert werden, daß solche Rabulistik möglichst ausgeschlossen wird.«[9]

Mit solchen Methoden erzeugt der Staat ein Klima universellen Verdachts und konfrontiert die von ihm direkt oder indirekt Abhängigen mit der Notwendigkeit andauernder und aktiver Bekenntnisse.* Wir können den Stab nicht brechen über jemanden, dem angesichts dieser Szene Erinnerungen an den Hitler-Staat kommen, der das ständige aktive Bekenntnis zu seinen Prinzipien forderte und auf die Dauermobilisierung der Gesinnung nicht verzichten konnte. Was Freiheitsspielräume wie individuelle Entwicklungs- und Entfaltungschancen nur garantieren sollte – nämlich Verfassungsnormen – wird zu seinem eigenen Inhalt pervertiert, was er doch – jedenfalls in der Utopie der bürgerlichen Demokratie – niemals sein kann.

Ulrich K. Preuß fand in einer Diskussion im III. Programm des NDR** sehr genaue Formulierungen für den Hamburger Grund-

* Ein solcher Drechslerscher Fragebogen wurde – so die ›Süddeutsche Zeitung‹ vom 4. 2. 1972 – in *Griechenland* bereits eingeführt. »Wer sich in Griechenland um eine Anstellung im öffentlichen Dienst bewirbt, muß in Zukunft zwar keine Bescheinigungen über seine ›soziale Gesinnung‹ mehr vorweisen, jedoch in einem detaillierten Fragebogen Auskunft über seine politischen Ansichten und seine Vergangenheit zurück bis zum 18. Lebensjahr geben. Sogar über die politischen Meinungen seiner Verwandten muß der Bewerber Zeugnis ablegen. In der Liste werden vor allem etwaige Verbindungen des Bewerbers zu Vereinigungen erfragt, die dem Kommunismus nahestehen oder allgemein auf einen Sturz der Regierung hinarbeiten. Die Anwärter müssen sich im übrigen verpflichten, den ›nationalen Idealen und der legalen Gewalt mit Treue und Hingabe‹ zu dienen und ›stets den Willen des Staates‹ zu erfüllen.« – Niedersachsen als das neue Athen?

** »Staats-Diener«, Links- und Rechtsradikale als Beamte auf Lebenszeit? 18. 1. 1972.

satzbeschluß und seine Folgen: Wir sähen, wie hier, »praktisch von einem Tag zum anderen, ohne Konsultation, ohne Diskussion, ohne Einschaltung eines Justizverfahrens, ganze Bevölkerungsgruppen ... um ihr Eigentum, nämlich die Qualifikation der wissenschaftlichen Ausbildung ... gebracht werden«; er sprach weiter von *sozialer Ausbürgerung* bestimmter Gruppen. Diese ›soziale Ausbürgerung‹, die für die Bundesrepublik bereits spanische Zustände schaffen könnte, ließe sich auch dann verwirklichen, wenn den Individuen politische Aktivitäten nachgewiesen werden müssen (und nicht schon die formale Zugehörigkeit zu einer definierten Partei oder Gruppierung für ein Berufsverbot hinreicht).* Der Willkür wären auch dann alle Tore geöffnet. Denn was sammelt der Verfassungsschutz an ›Erkenntnissen‹? Teilnahme an Ostermärschen, die Verteilung von Flugblättern vor Schulen, in Betrieben, die Unterzeichnung eines Aufrufs gegen den Krieg der USA in Vietnam, Leserbriefe, die Partizipation an Demonstrationen usw. – wir haben schon heute ein System fortlaufender Überwachung aller ›linksorientierten‹ Personen (oder von Personen, die der Verfassungsschutz so einschätzt).

Der Fall der Bonner Pädagogik-Studentin I. Weipert deutet an, daß sich Sanktionen gegen ›Linksorientierte‹ nicht erst bei der Frage der Verbeamtung von Bewerbern zeigen müssen: In ihrem Falle weigerte sich der (wohlhabende) Vater, das Studium der Tochter zu finanzieren, weil ihr das Pädagogik-Studium keine Berufsperspektive eröffne – sie sei Mitglied der DKP. Wir werden in der Tat damit rechnen müssen, daß schon die Studienförderung von Bewerbern künftig einer politischen Kontrolle unterliegt. Und auf der Tagung des Bundes ›Freiheit der Wissenschaft‹ auf der Bühlerhöhe (Schwarzwald) schlug ein Lehrstuhl-Inhaber sogar vor, von Schülern höherer Lehranstalten eine schriftliche Erklärung darüber zu fordern, daß sie von den ihnen gewährten Bildungsmöglichkeiten einen *positiven* Gebrauch machen werden, und sie andernfalls von der Oberstufe auszuschließen.

Zusätzlich wird die *Wirtschaft* nicht ungern die Rolle einer Exekutive des Verfassungsschutzes übernehmen. In einem Interview der ›Welt‹ erklärte Prof. Dr. A. Schwan (FU Berlin), man könne es weder der deutschen Industrie noch anderen Berufszweigen und Institutionen verargen, wenn sie nicht mehr auf Absolventen der Berliner Universitäten zurückgriffen.[10]

* Forsthoff, konservativer Staatsrechtler, legitimierte am 27. 1. 1972 die Ausdehnung des politischen Ausleseverfahrens auf *Angestellte und Arbeiter* des öffentlichen Dienstes mit dem seltenen Argument, daß »die Funktionen der Beamten und Angestellten des öffentlichen Dienstes sich seit langem überschneiden«. (Quelle konnten Verf. leider nicht mehr auffinden: Es handelt sich um eine Zeitungsäußerung.)

Anzeichen dafür gab es schon vor Jahren: »Wir beschäftigen künftig nur noch Studenten«, inserierte eine Berliner Firma im Sommer 1967, »die sich ausdrücklich von dem ASTA-Unwesen und den Demonstrationsexzessen distanzieren«.*

Mit den genannten Beschlüssen vom 23. 11. 1971 (Hamburger Senat) und vom 28. 1. 1972 (Konferenz der Länderministerpräsidenten) verknüpfen sich wenigstens fünf Verstöße gegen Prinzipien der Rechtsstaatlichkeit: a) Weder die genannte Partei, DKP, noch viel zitierte Vereinigungen: SDAJ, Spartakus, Rote Zellen u. a., sind rechtens als verfassungswidrig zu bezeichnen; weder das Bundesverfassungsgericht (Partei) noch das Bundesverwaltungsgericht (Vereinigungen) hat sich mit ihnen bisher beschäftigt. Min.-Dir. a. D. H. Fischer-Menshausen, Vorsitzender der Studienkomission für die Reform des Öffentlichen Dienstrechts beim Bundesminister des Inneren, der zuständige Mann also, erklärte in der bereits zitierten Diskussion im III. Programm/NDR vom 18. 1. 1972, er nähme das Urteil über die Verfassungswidrigkeit einer Partei voraus. Die Verfassungsfeindlichkeit (einer Partei) werde zwar ex cathedra vom BVG festgestellt, gleichwohl sei er ein normaler Bürger, der hören und sehen könne und wisse, was die Leute tun ...

b) Da in den Bundesländern zumindest tendenziell Unterschiede in der Auslegung des ›Grundsatzbeschlusses‹ zu beobachten sind, und in Ländern und Gemeinden Hessens beispielsweise die SDAJ als »förderungswürdig« im Rahmen des Jugendpflege-Etats anerkannt wird, während sie in Schleswig-Holstein den ›verfassungsfeindlichen Kräften‹ subsumiert wird, tritt ein Zustand von Rechts*ungleichheit* ein.

c) Da über die Frage der politischen Aktivitäten, Sympathien usw. der einzelnen Bewerber – zumindest unter anderem – ›Erkenntnisse‹ des *Verfassungsschutzes* entscheiden, wird der Verfassungsschutz erweitert Bestandteil der Exekutive.** Die von liberalen Juristen vor einigen Jahren erfochtene Zugänglichkeit der Personalakten für den betreffenden Beamten wird dadurch unterlaufen, daß geheime, nicht kontrollierbare Dossiers geführt werden.

* »Der ökonomische Boykott«, so P. Brückner 1968 [11], »der hier über eine unwürdige Minorität verhängt werden soll, um sie gefügig zu machen«, soll einen Effekt auf alle Lohnabhängigen haben. »Besäße der die Macht, den Boykott ... durchzusetzen, der ihn empfiehlt, so wüchse zugleich die Abhängigkeit *aller* Arbeiter und Angestellten: die ... an den davongejagten Studenten die Realität der spätkapitalistischen Besitzverhältnisse gerade in dem Augenblick erführen, in dem ihnen die eigene ›Unversehrtheit‹ scheinbar bestätigt wird«.

** Im Klartext: Entscheidend für die Einstellung eines Bewerbers ist dann bald nicht mehr die einstellende Behörde, sondern der Verfassungsschutz. (Im *Ausländerrecht*, dies sei hier angemerkt, hat der Verfassungsschutz bereits polizeiliche Aufgaben übertragen bekommen.)

d) Zumindest nach Ansicht der CDU/CSU und des Vorsitzenden der Studienkommission für die Reform des Öffentlichen Dienstrechts beim BMI, Min.-Dir. a. D. H. Fischer-Menshausen, wäre die ›rein formale‹ Zugehörigkeit zu einer dort als ›verfassungsfeindlich‹ erachteten Gruppe, Partei oder Vereinigung bereits ein *Indiz*, das »Zweifel darüber aufkommen läßt, ob der Betreffende ... wirklich die Loyalitätspflicht erfüllt, die aktive Loyalitätspflicht erfüllt, die der Staatsdienst von ihm erfordert. Und da das so ist ... trägt der Mann die Beweislast« – wofür? für seine Unschuld, d. h. für seine Verfassungstreue.* Im Geltungsbereich des Beamtenrechts wird damit eine Art von ›umgekehrter Beweislast‹ angedeutet, die dem allgemeinen Rechtsverständnis grob widerspricht.

e) Schließlich verstößt der ›Grundsatzbeschluß‹ gegen die Art. 3 und 12 des Grundgesetzes.**

R. Stiege (›Berliner Morgenpost‹) hat, wie andere auch, bereits Konsequenzen aus dem ›Grundsatzbeschluß‹ des Hamburger Senats usw. gezogen, indem er die fälligen Generalisierungen anbot: »Schon muß man sich mit dem Problem befassen, ob politische Extremisten Richter werden können. Schon zerren ›sozialistische Anwaltskollektive‹ unsere Rechtswirklichkeit ins Zwielicht.«[12] Drohen Berufsverbote auch für andere Berufsgruppen? Die offiziöse ›Frankfurter Allgemeine Zeitung‹ schrieb: »Die Schulbehörden müssen allenthalben die Absolventen der Hochschulen daraufhin sichten, ob in der DKP oder ihren Hilfstruppen organisierte Lehramtskandidaten darauf brennen, vom Katheder aus den Umsturz der Gesellschaft zu betreiben. Junge Juristen drängen in den Justizdienst, die hier und da vorhandene Gelegenheiten, auf den Hochschulen das Handwerk für eine ›klassenbezogene‹ Rechtssprechung zu lernen, genutzt haben.« Bereits am 18. 4. 1971 fragte ›Die Welt‹: »Wieviel Macht haben die jungen roten Beamten?« Dr. E. G. Mahrenholz, Leiter der Staatskanzlei der niedersächsischen Landesregierung, gab darauf eine statistische Antwort: »Unser Innenminister hat vor dem Landtag die Frage beantworten müssen, wieviele sind's denn nun – nach ›links‹? Und es stellte sich heraus: wir haben schätzungsweise hunderttausend Angehörige des Öffentlichen Dienstes, (links) sind 11 Beamte, 10 Angestellte und 7 Arbeiter. Ich habe jetzt während der Diskussion nachgerechnet, das ist, glaube ich, *ein Viertel pro Mille.*«***

In der Debatte des Niedersächsischen Landtags vom 22. 2. 72 über die ›Abwehr verfassungsfeindlicher Kräfte im öffentlichen

* Fernseh-Diskussion III. Programm/NDR, 18. 1. 1972.

** ›Gleichheitsgrundsatz‹ (Art. 3 GG), Recht auf freie Berufswahl (Art. 12 GG).

*** NDR/III. Programm, 18. 1. 1972.

Dienst‹ nannte Ministerpräsident Kubel dann die Zahl 102 – so viele Angehörige des öffentlichen Dienstes seien Mitglieder von Links- *und Rechts*gruppen. Diese Zahl, so auch Kubel, sei verschwindend gering. – Wer erinnert noch daran, daß ca. 6% aller Mitglieder der NPD in den Jahren ihrer Erfolge Angehörige des öffentlichen Dienstes waren?

In der Tat hat das ›Berufsverbot‹ bereits junge Juristen getroffen: wir erinnern an den älteren, bösartigen Fall des Ref. Rolf Pohle; in jüngerer Zeit an J. Noth, der als Mitglied des SDS bis heute nicht als Referendar zugelassen wurde, und an den Frankfurter G. Knöß. Besonders beachtet wurde der Fall des Juristen H.-J. Michels, der zusammen mit H. Lederer eine »Rechtsfibel für Demokraten« verfaßt hatte, die bereits genügte, um seine Einstellung als Gerichtsassessor abzulehnen.[13] Nach Ansicht des Politologen Th. Eschenburg hätte im Falle von M. bereits der Umstand als Ablehnungsgrund genügt, daß er 1969 als unabhängiger Sozialist auf der Liste der DKP kandidiert hatte, ohne Mitglied zu sein. In Hamburg wurde der Pädagoge H. Sell zunächst als Lehrer für ein Jugendgefängnis eingestellt, dann aber bald wieder entlassen: Teilnahme an einer Demonstration und Verfassungsschutzakten waren der Grund.[13]

Man wird an dieser politischen Selektion tadeln, daß sie – gerade im Zusammenhang mit dem faktischen Berufsverbot für Personen, die der DKP angehören oder sonst auf irgendeine Weise als ›links‹ und als ›radikal‹ betrachtet werden – bestimmte verfassungsmäßige Grundrechte für ganze Personengruppen suspendiert. Allein: das Argument, man müsse auf einem Ausschöpfen der Grundrechte in der BRD bestehen, das Verfassungskonforme am Hamburger Senatsbeschluß usw. bestreiten – so sehr dieses Argument auch im Bezugsrahmen rechtsstaatlicher Garantien seine Begründung findet, so gilt es doch nicht auf allen denkbaren Ebenen der Analyse. Verfassungen sind von den Machtverhältnissen nicht ablösbar, die in sie eingehen; es ist nicht ihr *Wortlaut* allein, der ihre Praxis regelt.

Ebenso schwerwiegend ist das, was offengelassen wurde, wofür sich zur damaligen Zeit kein Formelkompromiß anbot, was demnach zur Kodifizierung einer Verschiebung der gesellschaftlichen Kräfte-Verhältnisse bedurfte. Man konnte sich schon vor vielen Jahren fragen, ob nicht in der Notstandsgesetzgebung, und zwar durchaus in ihren ersten, ungemilderten Ansätzen, das fundamentale *Interesse* der Macher des Grundgesetzes sich erst wirklich artikulierte.

Die Arbeit des Parlamentarischen Rates in Bonn war geprägt durch ein tiefes Mißtrauen gegen die Massen. Sein Ziel war die Wiedereinrichtung der Demokratie ohne den demos. P. H. Merkl schreibt in seiner »Entstehung der Bundesrepublik Deutschland«[13a]: »Wie die Urheber der amerikanischen Verfassung so mißtraute der Rat den Massen und ihren plötzlich aufflammenden

Leidenschaften. Zinn erschien die Weimarer Ära in demselben Licht wie den fünfundfünfzig Männern in Philadelphia sechs Jahre nach dem Unabhängigkeitskrieg: als eine Periode der Anarchie, in der die Regierungsinstitutionen zu sehr unter den Einfluß der Laune und Phantasie des Volkes geraten waren. ... Die Ratsmitglieder sahen ihren Auftrag darin, eine konstitutionelle Demokratie ohne Beteiligung der Massen – nötigenfalls gegen deren Willen – zu errichten und aufrechtzuerhalten. Zu diesem Zweck bedienten sie sich des altbewährten Mittels der Teilung der Staatsgewalten und fügten diesem Arsenal einige neue Waffen gegen eine allzu weit getriebene Demokratie hinzu.«

2. ›Berufungsverbot‹ an der Universität

Es ist noch erinnerlich, welche Schwierigkeiten dem marxistischen Philosophen H. H. Holz gemacht worden sind – im Habilitationsverfahren wie bei der Berufung; auch, wie aus politischen Gründen die Promotion von M. Baethge (»Ausbildung und Herrschaft – Unternehmerinteressen in der Bildungspolitik«) zu scheitern drohte. Im Sommer 1971 verweigerte der Politische Senat der Stadt Bremen H. Holzer die Ernennung, obwohl bereits an die Bremer Universität berufen: nun ausdrücklich unter Hinweis auf dessen Mitgliedschaft in der DKP. Ähnlich sollte E. Wulff und U. Deppe der Zugang zur Universität verweigert werden – unter Hinweis auf den bereits mehrfach zitierten Beschluß der Länderministerpräsidenten. Wolfgang Lefèvre, einer der Köpfe des alten Berliner SDS, sollte eine Assistentenstelle am Philosophischen Seminar der FU Berlin erhalten – der Wissenschaftssenator W. Stein untersagte seine Anstellung: er habe sich in der PL/PI (›Proletarische Linke/Partei-Initiative‹) für eine »proletarische Revolution« ausgesprochen. Als Prinzip der Personal-Entscheidungen würden dergleichen Begründungen die totale Entfernung aller Marxisten und Sozialisten aus Schule und Universität zur Folge haben: die Erfüllung neofaschistischer Programme, wie man sie seit vielen Jahren in den Gazetten der NPD lesen konnte. Auch Ernest Mandel wurde, weil Marxist, nicht auf einen Lehrstuhl an der FU Berlin berufen. Hier treffen die »Grundsätze zur Frage verfassungsfeindlicher Kräfte im öffentlichen Dienst« nicht nur einen hochqualifizierten Wirtschaftstheoretiker, sondern einen schon einmal von Deutschen politisch Verfolgten: Nach der Besetzung Belgiens durch die deutsche Armee im Jahre 1940 wurde er mehrmals verhaftet und schließlich nach Deutschland deportiert; bis zur Befreiung Ende April 1945 saß er in mehreren Zuchthäusern und Lagern. Wie man hört, hat der Westberliner Innensenator K. Neubauer (SPD) Ernest Mandel daran erinnert, welche Tradition nun auch in den Methoden der politischen Kontrolle wieder auflebt: Er verschickte »an die Fraktionsvorsitzenden der Abgeordneten-Parteien vertrauliche Briefe mit Erkenntnissen

des Verfassungsschutzes über Mandels Agitations-Tätigkeit etwa zu Zeiten der französischen Studentenrevolte im Mai 1968.«[14] E. Mandel nannte den Senatsbeschluß gegen seine Berufung ›eine Schande und eine politische Dummheit‹.[14] Wie unter dem Regime des deutschen Faschismus sollen auch in der Bundesrepublik die Universitäten von Marxisten, Sozialisten, Kommunisten gereinigt werden.* Für jemanden wie E. Mandel mag es verschärfend ins Gewicht fallen, daß ihn nicht einmal die Verfolgung und Einsperrung im ›3. Reich‹ *gebessert* hat.
Wer einen Ordinarius für die Wissenschaft von der Politik, wie unlängst J. Seifert (TU Hannover), wegen seiner Äußerungen zu aktuellen politischen und juristischen Fragen disziplinieren will, steuert auch damit auf ein Berufs-, ja auf ein *Denkverbot* zu.**
Kurz: Vertreter der marxistischen Wissenschaftslehre bemühen sich seit Jahren darum, wenigstens in einigen Bereichen der Universität, in dem einen oder andern Fach ihre wissenschaftlichen Ideen weiter zu entwickeln; aber die Chance, ›linke‹ Intelligenz für die Universität zu gewinnen, wird durch den Beschluß der Länderministerpräsidenten äußerst gering. Mit der Einführung der neuen Assistenten-Ordnung, die ihre Beamtung vorsieht, wird man marxistische Wissenschaftler auch im sog. akademischen Mittelbau boykottieren können. Sogar das KPD-Verbotsurteil des Bundesverfassungsgerichts von 1956 erklärte, die marxistische Wissenschaft sei prinzipiell frei.***
Wie üblich, deckt das Vorgehen gegen sogenannte Radikale die Tendenz, *alle* engagierten Linken und Demokraten aus dem Staatsdienst und von den Universitäten fernzuhalten; es sind nicht nur Mitglieder der DKP, der ›Roten Zellen‹ usw. bedroht. So bestand an der Universität Regensburg die Absicht, den Münchner Assessor Rolf Kessler auf eine A 13-Stelle zu setzen, zu deren Aufgabenbereich auch die Funktion der persönlichen Referenten des Rektors der Universität zählt. Das Kultusministerium in München wußte *jede,* auch anders formulierte Beschäftigung des Assessors in Regensburg zu unterbinden.[16] Warum? Kessler hatte 1969 zusammen mit anderen Referendaren eine »Initiative kritischer Rechtsreferendare« (IRK) gegründet und ist überdies seit Oktober 1970 Vorstandsmitglied des Be-

* Übrigens auch von *Psychoanalytikern,* wie sich unlängst an der Universität Frankfurt gezeigt hat.

** In den Anmerkungen, S. 110 haben wir ein Beispiel für ›Denkverbote‹ aufgenommen

*** Frau v. Brentano, Prof. a. d. FU Berlin, bot unlängst eine Erklärung für die Präferenz formaler Argumentation gegenüber inhaltlichen in der Diskussion des ›Pluralismus‹-Konzepts an: »Mein Verdacht ist, daß die Diskrepanz zwischen der ökonomischen Basis, nämlich der kapitalistischen Produktionsweise, und den Ideen dieser Gesellschaft so offenkundig geworden ist, daß wir uns eine inhaltliche Legitimation gar nicht mehr leisten können . . .«[15]

zirksverbandes München des »Bayerischen Verbands Junger Juristen«. Der Bezirksverband hatte im Jahre 1971 von sich reden gemacht: durch eine Presse-Erklärung zum Strafurteil gegen Fritz Teufel, zum andern durch eine Strafanzeige gegen Oberstaatsanwalt Sechser u. a. im Zusammenhang mit dem Banküberfall und der Geiseltötung in der Prinzregentenstraße.*
K. G. Kiesinger, ehemaliger Bundeskanzler und NSDAP-Mitglied in höheren Staatsfunktionen, warnte auf einem Mittelstandskongreß in Bremen, 1971, vor der »Gefahr utopischen Denkens«, wie es »von den Universitäten zur Zeit ausginge«. Wer warnt vor den Gefahren politischen Denkens, wie es offensichtlich von *Kultusministern* ausgehen kann – und nicht nur in Bayern? Der Kultusminister Walter Braun (Schleswig-Holstein) versuchte am 2. Oktober 1971 in Kiel, der faschistischen Gewaltherrschaft in Deutschland einen positiven Sinn zu geben – seine Rede anläßlich der Übergabe des U-Bootes U 955 an den Deutschen Marinebund führte zu scharfen Kontroversen im Landtag.[17] Als der Kultusminister Dr. Hahn (Baden-Württemberg) einen der Autoren dieser hier vorgelegten Analyse, P. Brückner, daran hindern wollte, als Gast des SHS an der Universität Heidelberg zu sprechen, und dem Rektor der Universität befahl, die Universität zu schließen und durch Polizei abzusperren, mußte er sich von dem Bezirksverband Heidelberg der SPD daran erinnern lassen, daß *er*, der Kultusminister, gleichfalls auf die Verfassung der BRD vereidigt sei.[18] Immerhin haben mehrere Polizei-Vereinigungen den Kultusminister gebeten, P. Brückner das Sprechen an irgendeiner der badisch-württembergischen Universitäten unmöglich zu machen, und wenigstens die CDU unterstützte sie dabei. Dagegen läuft schon seit drei Jahren ein Verfahren beim Bundesverfassungsgericht gegen den Herausgeber der Deutschen Nationalzeitung, Gerhard Frey: ihm galt die Bemerkung des SPD-Abgeordneten Arndt von der »Sprache der potentiellen Mörder von morgen«; der Terminus ›Neofaschist‹ für Herrn Frey wäre noch milde. Das Verfahren soll klären, ob er sein Grundrecht auf freie Meinungsäußerung verwirkt habe – mit einem Spruch gegen ihn kann vorerst nicht gerechnet werden, und der Bundes-Innenminister Genscher scheint sich sogar gegen das ganze Verfahren ausgesprochen zu haben. Freihaltung des öffentlichen Dienstes und der Kommunikationssphäre von linken *und* rechten Kräften? Dr. Herbert Döring, Kreisvorsitzender der NPD im bayerischen Landkreis Traunstein (und der Landsmannschaft Schlesien) wurde ungefähr zum gleichen Zeitpunkt, zu dem sich die

* Die Behauptung mehrerer Zeitungen, unter den Zuschauern des blutigen Spektakels hätte sich auch F. J. Strauß befunden, blieb bis heute unwidersprochen.

Ministerpräsidenten der Länder trafen (28. 1. 1972), mit dem Bundesverdienstkreuz am Bande ausgezeichnet.[19]

3. Bildungs-, Hochschulreform

Mit wenigen Sätzen läßt sich daran erinnern, was der Fall ist: auf annähernd allen Gebieten des Bildungswesens scheitern Reformansätze.* *Was das Bildungsprivileg brechen sollte, geht im Krebsgang.* Studierende und Abiturienten bemerken, was die ›Bildungswerbung‹ der 60er Jahre produziert hat: den Numerus clausus. Was, wenn man den Nachrichten der Tagespresse folgt, ins Haus liegt, läuft auf die Durchsetzung kruder Herrschafts- und Profit-Interessen hinaus:

(a) Ausbau der Kompetenzen des Bundes und der Länder gegenüber den Universitäten; stärkere Kontrolle des Etats; Akzentuierung von Ordnungs- und Disziplinarrecht.
(b) Erschwerung des Zugangs zur Universität und Abkürzung der durchschnittlichen Verweildauer des Studierenden an der Universität.
(c) Stärkere ›Nutzung vorhandener Kapazitäten‹, d. h. wachsende Verschulung vieler Studiengänge, Verkürzungen der vorlesungsfreien Zeit, Erhöhung der Pflichtstunden für das Lehrpersonal, evtl. ›Schicht‹-Nutzung bestimmter Einrichtungen.
(d) Exterritorialisierung der Forschung aus den ›Ausbildungs‹-Universitäten.
(c) Wachsender Einfluß von Wirtschaft und Verbänden auf Hochschulen und Universität. Direkter Einfluß auf Studienreform-Kommissionen.
(f) Inhaltlich betrachtet, heißt die Leitparole schul- und hochschulpolitischer Tendenzen nicht mehr »Chancengleichheit«, sondern: Fungibilität, Leistung, Kostenminimierung und – Reibungslosigkeit aller Bildungs- und Ausbildungsprozesse.

Der Bund *Freiheit der Wissenschaft* (BFW) hat zu diesem Zustand gewiß mehr beigetragen, als öffentlich bekannt ist. Denn der BFW hat, so Michael Vester[20], seine »Energien auf den Aufbau einer Art Untergrundorganisation« verlagert, »mit dem vorläufigen Zweck, die Reformkräfte als kriminell zu diffamieren«. Das Prinzip des BFW ist nicht »die rationale öffentliche Argumentation oder wissenschaftliche Auseinandersetzung«. Da der BFW selbst keine Argumente hat, erstrebt er »die Einschränkung und Kriminalisierung der kritischen Meinungsäußerung«. Da er keine gesellschaftliche Basis hat (oder wenigstens: lange Zeit hindurch nicht hatte), sucht er »durch öffent-

* Oder werden verwässert. – Finanzielle Mittel für Verbesserungen im Ausbildungssektor werden ersatzlos gestrichen, Gesamtschul- und Gesamthochschul-Vorhaben verlassen kaum irgendwo das Stadium des vereinzelten und wachsend kritisch betrachteten Experiments; der Lehrermangel bleibt bestehen bzw. nimmt in einzelnen Fächern zu; ›Kontaktstudium‹ usw. verharren auf der Ebene bloßer Deklaration.

liche und heimliche Diffamierungen bürokratische Staatseingriffe gegen die Reformkräfte herbeizumanipulieren. Zu dieser Kooperation im Untergrund, die die Öffentlichkeit scheuen muß, gehören Politiker der CDU und der rechten SPD und FDP, autoritäre Ordinarien und Lehrer, Journalisten und Zeitungsbesitzer, Unternehmer und Regierungsbeamte, schließlich eine Anzahl von Angehörigen der Strafverfolgungs- und Staatsschutzbehörden«. In der Tat: der BFW hat keine Massen-, höchstens eine Machtbasis. Und: »Durch lancierte Verdächtigungen wurden zahlreiche Berufungen und Einstellungen an den Universitäten sabotiert, ohne daß die Verdächtigten die Vorwürfe erfuhren oder Gelegenheit bekamen, sie zu widerlegen.« Soweit M. Vester.

Was er, der BFW, betreibt, ist das roll-back der Reforminitiative, deren zentrale Forderung Öffentlichkeit und Transparenz (d. h.: Durchsichtigkeit, Einsichtigkeit aller Willensbildungs- und Entscheidungsprozesse) war und ist. Er will die Rückkehr zur Geheim- und Kabinettspraxis der alten Universität, zur Arkanpolitik, was ihm bereichsweise und in den Personalentscheidungen auch schon gelungen ist.

In der Öffentlichkeit werden die Verhältnisse verkehrt: wird von der heimlichen ›roten Unterwanderung‹ der deutschen Universitäten *gesprochen, praktiziert* der BFW unter Ausschluß der Öffentlichkeit die Unterwanderung von rechts und warnt sogar der Generalbundesanwalt Martin: Beim Besuch einer SPD-Bundestagsdelegation in Karlsruhe, so berichtet die F. A. Z.[21], sagte er, die linksradikalen Gruppen breiteten sich, namentlich in Berlin, »krebsartig aus«. »Sie warteten nur auf den Augenblick, in dem sie wie die Baader-Meinhof-Gruppe vorgehen könnten.« Offensichtlich hatte Martin es versäumt, sich bei der zuständigen Abteilung der Berliner Polizei über die wirkliche Lage zu informieren: deren Sprecher erklärte auf Anfrage, man habe für Martin's Befürchtungen »keine konkreten Anhaltspunkte«.

Unterbrechen wir einen Moment lang das Sammeln, Registrieren, Beschreiben, weil in der Zusammenfassung der Punkte 1), 2) und 3) Perspektiven einer technokratisch deformierten Hochschulreform erscheinen. Mit dem Beschluß der Ministerpräsidenten, politisch aktive Linke aus dem öffentlichen Dienst fernzuhalten, ist die Hochschulreform zu nicht unerheblichen Teilen aus den Kultusministerien und den Universitäten selber in die Hände der Innenminister und Staatsschutzbehörden übergegangen. Die nicht an Effizienzkriterien orientierten, sondern von gesellschaftlich-wissenschaftlichen Bedürfnissen motivierten Reforminitiativen hatten gerade – wie das Experiment KU Ber-

lin* belegt – zum Ziel, einige (insbesondere durch den Faschismus verdrängte) Wissenschaftstraditionen wie die historisch-materialistische und die Psychoanalyse zu rekonstruieren, zu reintegrieren und ihnen erneut Entfaltungschancen zu sichern.
Die Tatsache, daß der damit notwendig entstehende wissenschaftliche Konflikt jetzt in den vorrationalen und voruniversitären Raum des Staatsschutzes und der Personalauslese verlagert wird und nicht mehr in seinem eigenen Medium, dem öffentlicher und rationaler Diskussion, erscheinen kann, verweist auf die zentrale Legitimationsschwäche unseres Systems und sein Problem der Massenloyalität. Daß in der Kampagne gegen »Radikale im öffentlichen Dienst« wie nebenbei und legalistisch drapiert eine Reihe von Systemproblemen mitgelöst werden, ist unseres Wissens bisher in der Diskussion kaum beachtet worden. Mit seiner Ausbürgerungskampagne regrediert der Staat auf die polizeiliche Regelung der wissenschaftlichen Kontroverse: Friede soll nicht nur auf der Straße, sondern auch in den Köpfen gestiftet werden.

4. Verlage

Nach langer Zeit[22] wurden 1971 zum erstenmal wieder Bücher beschlagnahmt. Die Staatsgewalt ging dabei sehr behutsam vor – die Zensur betraf vorerst Untergrundverlage, danach dann auch einen Verlag mittlerer Größe.
Im Juni 1970 war in der vom Berliner Otto-Suhr-Institut herausgegebenen Zeitschrift »Sozialistische Politik« (›SOPO‹) das »Kleine Handbuch für den Stadtguerillero« des ermordeten brasilianischen Revolutionärs Carlos Marighela erschienen. Der Abdruck blieb unbeanstandet, offenbar wegen Rang und Verbreitung der Zeitschrift. Am 19. 2. 1971 beschlagnahmte aber das Amtsgericht Köln eine nach dem Zeitschrift-Abdruck hergestellte Einzelausgabe des Textes. Derselbe Text erschien im April 1971 gemeinsam mit anderen Texten als Rowohlt-Taschenbuch (Aves/Detrez/Marighela, Zerschlagt die Wohlstandsinseln der Dritten Welt. rororo aktuell 1453/54). Dieser Nachdruck blieb ebenfalls unbeanstandet, offenbar wiederum wegen der Größe und Bedeutung des Verlages.[23]
Im Frühsommer 1971 erschien in einem Westberliner Untergrundverlag ein politisches Manifest der ›Roten Armee Fraktion‹, das im Juli vom Berliner Amtsgericht beschlagnahmt wurde. Im Oktober erschien dieser Text als Rotbuch 29 im Verlag Klaus Wagenbach. Hier war die Situation für die Staatsgewalt

* Der Versuch zahlreicher Studenten der FU Berlin, in den Jahren 1968/9 ›alternative‹ Vorlesungen und Arbeitskreise einzurichten.

günstiger: Es handelte sich um einen eindeutig »links« orientierten Verlag von nur mittlerer Größe und um ein Buch der »Baader-Mahler-Meinhof-Bande«. Am 28. Oktober wurde das Buch mit großem Polizeiaufgebot im Verlag und allen Buchhandlungen der Bundesrepublik beschlagnahmt.[24] Bereits diese Fahndung trug deutlich einschüchternde Züge – so konnten die Verfasser beobachten, daß die Beschlagnahme in Buchhandlungen zu Recherchen nach möglichen Käufer-Namen benutzt wurde. Außerdem verweigerte die Bundespost am gleichen Tag die Beförderung des Verlagsalmanachs »Das schwarze Brett«, weil zwei Seiten gegen das »öffentliche Wohl oder die Sittlichkeit« verstießen und auch zwei Kinderverse anstößig seien. (Dieser Angriff konnte zwar zurückgewiesen werden – dem Einspruch des Verlages wurde stattgegeben – der Zweck der Behinderung und ökonomischen Schädigung wurde dennoch in Teilen erreicht.)

Man muß vermuten, daß sowohl die zögernde oder eher zustimmende Reaktion der Presse auf diese Maßnahmen als auch der vergleichsweise geringe ökonomische Schaden dazu führten, daß die Springer-Presse eine Woche später den in sehr hoher Auflage (70 000) erschienenen »Roten Kalender für Lehrlinge und Schüler« desselben Verlages denunzierte. Diese Denunziation führte, wie der Verlag Wagenbach belegen kann[25], zur Beschlagnahme des Kalenders am 8. November, wiederum in einer allgemeinen Polizeiaktion im Verlag und allen Buchhandlungen. Die ›Bild-Zeitung‹ hetzte zudem (nur in der süddeutschen Ausgabe) gegen eine der dort mit dem Verlag zusammenarbeitenden Druckerei.

Diese Strategie der Einschüchterung wurde auch von der Berliner Staatsanwaltschaft fortgesetzt: Die Verhandlung über den Widerspruch des Verlages gegen die Beschlagnahme des »Roten Kalender« wurde viele Wochen verzögert (der Einspruch wurde dann abgewiesen) und außerdem gegen das buchhändlerische Fachorgan »Börsenblatt für den deutschen Buchhandel« ermittelt, weil es eine Presseerklärung des Verlages publiziert hatte: einen Aufruf an die Verlagskollegen, das Rotbuch 29 (nach einem französischen Beispiel – der gemeinsamen Ausgabe des »Kleinen Handbuch für den Stadtguerillero« durch 23 französische Verlage) gemeinsam zu verlegen. Dieser Aufruf stelle eine »Aufforderung zu strafbaren Handlungen« dar.

Der Aufruf war vorher unbeanstandet in der Presse erschienen, ebenso wie nachher ein Aufruf von über 100 Schriftstellern, Lektoren und Professoren, darunter auch ausländischen, wie Jean-Paul Sartre, Roland Barthes, Marguerite Duras, Simone de Beauvoir und Herbert Marcuse, in den es unter anderem hieß:

»Wir bezweifeln die Legitimität einer Justiz, die – anders als in anderen Ländern – hinter verschlossenen Türen und ohne Anhören des Beklagten ein administratives Urteil in 27 Zeilen fällt und damit die Polizei Razzien bei Verlagen und Buchhandlungen veranstalten läßt. Wir sehen in diesen Vorgängen eine schwere Beeinträchtigung der geistigen Auseinandersetzung in der Bundesrepublik. Wer die öffentliche Diskussion über Gewalt und Gegengewalt, Reformismus und Revolution kriminalisieren will, muß jede politische Argumentation durch den Staatsanwalt ersticken. Der erste Schritt dazu ist in Berlin getan worden. Wir fordern deshalb alle Leser auf, sich mit dem Verlag Klaus Wagenbach zu solidarisieren. Wir wenden uns an unsere Verleger und fordern sie auf, eine gemeinsame Ausgabe des Rotbuches 29 zu veröffentlichen.«

Hier also sah die Staatsanwaltschaft keinen Anlaß zum Eingriff, ebensowenig wie beim ›Spiegel‹ anläßlich des Abdrucks zweier Texte von Horst Mahler (die in der beim Rotbuch 29 inkriminierten Gewaltfrage über das dort Gesagte hinausgingen) oder beim Abdruck genau der vom Gericht inkriminierten Passagen des Rotbuch 29 in der Springer-Zeitung ›Die Welt‹ vom 9. 3. 72 (also Monate nach der Beschlagnahmung).
Wir behaupten nicht, für dieses Zusammenspiel zwischen Springer-Presse, Staatsanwaltschaft und Bundespost gäbe es Absprachen im Untergrund, wie sie der Bund Freiheit der Wisenschaft liebt; wir wollen nur auf die *prästabilierte Harmonie* hinweisen, hinter der sich ein analytisches Problem ersten Ranges verbirgt. Wie haben wir uns jene gesellschaftlichen Mechanismen zu erklären, die sich im organisierten, staatsinterventionistischen Kapitalismus ausbilden, auch ohne daß es besonderer ›Verschwörungen‹ bedarf? Deutet sich im Fall des Verlag Wagenbach nicht die Existenz eines institutionellen Repressions-Zusammenhangs an, der funktioniert, sobald ein ›Feind‹ (in diesem Fall zudem: den in der Bundesrepublik von Kapital und Struktur her am weitesten demokratisierten Verlag) konstituiert wird, ein Repressions-Mechanismus, der aber – gleichsam latent – die Rekonstruktionsperiode in der BRD begleitet hat?
Die Auseinandersetzungen in vielen Verlagen – von der ›Entlassung‹ der Zeitschrift ›Kursbuch‹ und den Diskussionen um eine Lektoratsverfassung im Suhrkamp Verlag (Ausscheiden von W. Boehlich, K. H. Braun und anderen) über den Streit im Rowohlt Verlag (Ausscheiden von F. J. Raddatz, H. Richter und anderen) bis zum Kampf um eine Demokratisierung im Luchterhand Verlag – diese Auseinandersetzungen zeigen zweifellos, daß die »Mobilisierung der reaktionären Bourgeoisie« (vgl. S. 9) sich langsam aber stetig in Richtung auf eine Gleichschaltung vieler Verlage auswirkt; eine Gleichschaltung, die auch durch die Abwehr von Mitspracherecht und Demokratisierung innerhalb der Verlagshäuser zustande kommt. Die ökonomische Konzentration (Holtzbrink, Bertelsmann) ist eben nicht der einzige Weg, der zu politischer Stagnation führt.

5. *Funk und Fernsehen*

Obwohl die Vormachtstellung von Regierungsparteien, namentlich der CDU/CSU, in entscheidenden Gremien unserer öffentlich-rechtlichen Anstalten schon seit den 50er Jahren für die Entfernung kritischer Köpfe aus den Funkhäusern sorgte – der Bayerische Rundfunk hielt schon damals einen traurigen Rekord*, und obwohl die SPD dort, wo sie es gekonnt hätte, zeitig darauf verzichtete, ihren Einfluß auf Funk und Fernsehen geltend zu machen**, war die extreme Rechte in der BRD seit jeher darüber entrüstet, daß es so etwas wie Inseln des Denkens, der kritischen Sorge, der Menschlichkeit in den Massenmedien dieses Landes gab. Eine liberale oder auch radikaldemokratische Verflechtung von Sprachlichkeit, Reflexion und Kritik schien in ihnen unzerstörbare Nischen gefunden zu haben. Antikapitalismus und Anti-Nationalismus, die großen Tugenden der Gebildeten, durften sich äußern, der Antikommunismus als die große Torheit dieser Epoche war keinesfalls *alles*. Man neigt gern dazu, den Einfluß kritischer Sendungen in Funk und Fernsehen als bloßes Alibi einer sonst sich versteinernden kapitalistischen Verfaßtheit der Nation anzusehen, aber man möge doch fragen, wie es in uns und um uns aussähe, wenn es diese seltenen Stimmen der Vernunft *nicht* gegeben hätte? Die NPD und ihre Gazetten ›Deutsche National- und Soldatenzeitung‹ usw. wendeten ihre ganze Unsauberkeit und tendenziell verbrecherische Dummheit nicht zufällig gegen die »linksgedrallten Jünglinge in Presse und Fernsehen«, gegen den »Staat als Fernseh-Demokratie«, in der eine »Handvoll kommunistisch identifizierter Intellektueller die öffentliche Meinung« mache. Der Mythos vom »linken Meinungsterror« war bekanntlich Bestandteil vieler Reden der NPD – in den Jahren ihrer Expansion 1964-1967.
F. J. Strauß (der schon vor einigen Jahren erklärte, die ›heimatlose Rechte‹ brauche doch ein engeres Verhältnis zur CSU nicht zu scheuen), die CSU und CDU haben diese NPD-Agitationen inzwischen in eigene Regie übernommen. F .J. Strauß nannte die öffentlich-rechtlichen Anstalten »Rote Reichsrundfunkkammern« und sprach 1971, in Vilshofen, von einer »roten Unterwanderung in Funk und Fernsehen«, versprach zugleich eine medienpolitische »Wende in absehbarer Zeit«. Der Zeitungsleser weiß, daß wir sehr leicht für annähernd *jede* Behauptung der NPD, was Massenmedien betrifft, in den Reden von Strauß und anderen Politikern der CDU/CSU Parallelen fänden. Der Terminus *Zersetzung*, Erbschaft A. Hitler's und der NSDAP,

* Wir erinnern an die Fälle v. Cube, Guggenheimer, Szczesny.
** So verschaffte ihre Medienblindheit und Zurückhaltung der CDU ein Übergewicht im ›Zweiten Deutschen Fernsehen‹ in Mainz; vgl. hierzu 26).

Bezeichnungen wie ›rotes Gift‹, ›Giftspritzer‹ usw. sind seit dem Niedergang der NPD Bestandteil der Sprache von Regierungspolitikern und ›staatstragenden‹ Parteien geworden.

Während der Kultusminister des Landes Schleswig-Holstein (vgl. S. 19) soldatische Tugenden abstrakt hochloben darf, rügte der Rundfunkrat des Bayerischen Rundfunks eine Hörfunksendung über den Volkstrauertag vom 13. 11. 1971. In ihr hieß es: »Trauert lieber über euch selbst, das deutsche Volk. Ihr, nicht der Krieg, habt den Vater, den Bruder, den Sohn getötet. Weder ein Kaiser noch ein Diktator hätten Krieg führen können, wenn ihr nicht ja gesagt hättet.«[27]

Die ›medienpolitische Wende‹ kündigt sich allerorten an: das Magazin ›Bildstörung‹, für den Bayerischen Rundfunk von Jugendlichen produziert, wurde eingestellt, nachdem, so der ›Spiegel‹, »Franz Josef Strauß auch im Jugendfunk das ›Gift der Hetze‹ entdeckt hatte«. Eingestellt sind die kritischen Jugendsendungen »Zoom« (Südwestfunk) und »Baff« (Westdeutscher Rundfunk); Radio Bremens »In« wird scharf zensiert und verstümmelt[28]; das Jugendmagazin des ZDF, »Direkt«, steht unter verschärftem Druck. Versuche, kritische Jugendsendungen in Funk und Fernsehen einzustellen, zu korrumpieren, zu entschärfen oder auf ungünstige Sendezeiten abzuschieben, häufen sich jedenfalls.[29] Auf besonders finstere Erscheinungen wie den Moderator Löwenthal vom ZDF werden wir an anderer Stelle ausführlich eingehen (S. 68).

Weit über diesen Kleinkrieg hinaus – ein Krieg, der nicht nur von CDU und CSU, sondern auch vom Deutschen Industrie Institut, von Arbeitgeber-Verbänden u. ä. geführt wird, gehen gegenwärtig Versuche zur Machtergreifung im Fernsehen und im (Bayerischen) Rundfunk. Diese ›Machtergreifung‹ hat offensichtlich drei Schwerpunktziele: »Erstens wird versucht, die öffentlich-rechtlichen Anstalten durch die Errichtung privater Anstalten zu paralysieren ... Zweitens wird versucht, durch einen Ruf nach schärferer Kontrolle den politischen Aufsichtsgremien der Anstalten mehr Macht und damit Einfluß auf die Programmgestaltung einzuräumen. Drittens wird schließlich versucht, mit allen Mitteln die hierarchischen Strukturen in den Funkhäusern durch Verhinderung der Mitbestimmung von Redakteuren, Personalräten, Angestellten und freien Mitarbeitern zu zementieren. Zum Teil sind diese Ziele bereits erreicht.«[30] Schließlich ist die CSU gerade dabei, den Bayerischen Rundfunk nach ihren Machtbedürfnissen »umzukrempeln«. M. Kötterheinrich[31] hat in den Rundfunkplänen der CSU »Ignoranz gegenüber Verfassung und Recht« nachgewiesen und meint, sie ließen sich tatsächlich nur mit »nacktem Machthunger« erklären.*

* Lt. ›Spiegel‹ vom 14. 2. 1972 beabsichtigt die CSU eine Abkapselung Bayerns von der ARD und die Herstellung eines ›alpenländischen Verbunds‹ mit

In einer Stellungnahme des Bundesvorsitzenden der Deutschen Journalisten-Union (dju) hieß es kürzlich, daß »in einer Zeit der immer stärker werdenden Monopolisierung der Presse die Erhaltung der Unabhängigkeit des Rundfunks von erheblicher Bedeutung sei. Die dju hoffe darum, daß sich die CSU mit ihren Plänen nicht durchsetzen werde ...« Dieser Bundesvorsitzende heißt Eckart Spoo; ihm wurde unlängst von der ›Frankfurter Rundschau‹ gekündigt. In der Tat hat die Offensive der ›Gegen-Aufklärung‹, hat die Mobilisierung der reaktionären Bourgeoisie dort, wo die Regierungsgewalt oder Parteien nicht so leicht wirksam werden können, auch die *Presse*, soweit sie nicht dem Springer-Konzern zugehört, längst erreicht.

6. Zeitungen, Zeitschriften

Manfred Pensler[32] hat darüber berichtet, was gewerkschaftlich organisierten Journalisten neuerdings zustößt:

»Die Bundesanstalt für Arbeit wird wohl bald einen Sonder-Vermittlungsdienst einrichten müssen: Für arbeitslose Journalisten, die der Deutschen Journalisten Union (dju) angehören. Seit die dju nachdrücklich und öffentlich dafür eintritt, daß Pressefreiheit nicht länger nur Verlegerfreiheit bleiben darf, sind Arbeits- und Anstellungsverträge von dju-Funktionären bedroht. – Die bisherige Bilanz ist erschreckend: Im Herbst vergangenen Jahres wurde beim ›Trierer Volksfreund‹ sieben Journalisten gekündigt, die zwei Tage zuvor der dju beigetreten waren. Bei sechs von ihnen wurde die Kündigung inzwischen wieder rückgängig gemacht, einer der Gekündigten einigte sich auf andere Weise mit dem Verleger. Gekündigt wurde beim SPD-eigenen Berliner ›Telegraf‹ dem politischen Redakteur, Franke, Berliner Landesvorsitzender der dju. Nachdem sich die Industriegewerkschaft ›Druck und Papier‹ eingeschaltet hatte, nahm der Verlag die Kündigung zurück. – Dann wurde es ernster: Im November kündigte das ›Main-Echo‹ seinem Bezirksredakteur Jörg Barczynski, dju-Landesvorsitzender von Bayern. Er klagte inzwischen vor dem Arbeitsgericht. Am gleichen Tag wie Barczynski teilte die Münchner Boulevardzeitung ›tz‹ ihrer Mitarbeiterin Hannelore Messow mit, daß ihr befristeter Arbeitsvertrag nicht verlängert werde. Hanne Messow gehört dem bayerischen Landesvorstand der dju an. – Kurz darauf setzte die linksliberale ›Frankfurter Rundschau‹ ihren Münchner Korrespondenten Eckart Spoo vor die Tür. Spoo ist Bundesvorsitzender der dju. Auch er klagt vor dem Arbeitsgericht. – Die größte Strecke an dju-Journalisten aber schaffte der Hamburger Verleger Rudolf Augstein, der den ›Spiegel‹ herausgibt, nach Augsteins Bekunden ein ›liberales, ein im Zweifelsfall linkes Blatt‹: Alexander von Hoffmann, zwei Redakteure, beide dju-Mitglieder: Hermann Vemliza und Bodo Zeuner, die im Ressort Deutschland 1 tätig waren, erhielten die Kündigung. Später: Brumm, der Vorsitzende der dju-Betriebsgruppe und Redakteur im Ressort ›Geisteswissenschaften‹. Allerdings wurden Meinungsverschiedenheiten zwischen Brumm und seinem Ressortchef Georg Wolff als offizieller Kündigungsgrund genannt; und Otto Köhler, der renommierte Pressekolumnist des deutschen Nachrichtenmagazins, ebenfalls dju-Mitglied.«*

Österreich und der Schweiz; außerdem die Genehmigung eines bayerischen Privatfunks.

* Es trifft andere Medien auch: Kipphardt, Chefdramaturg der Münchener Kammerspiele ist entlassen worden – ebenso Arnfrid Astel, Redakteur beim

Wir haben diese Information an den Anfang unserer kurzen Rekapitulation von Nachrichten über *Zeitungen* gestellt, weil sie zumindest ein Indiz für die ›Mobilisierung reaktionärer Bourgeoisie‹ ist. Daß Springer-Zeitungen: vorzüglich ›Bild‹, ›Bild am Sonntag‹, ›Die Welt‹ und ›Berliner Morgenpost‹ nach wie vor, wie 1967 oder 1968, zum Haß gegen Teile der Bevölkerung – ›die Linken‹ – aufstacheln, zu Willkürmaßnahmen gegen sie auffordern und, durch Beschimpfung wie Verleumdung, die Menschenwürde von Personen in einer Weise angreifen, die objektiv dazu geeignet ist, den öffentlichen Frieden im Sinne des § 130 StGB zu stören, wundert uns nicht.[33]* Wir brauchen hier auch nicht im einzelnen zu belegen, daß gerade im Falle der sogenannten Baader-Meinhof-Bande und der Berichte über die ›Sympathisanten‹ die Differenzen zwischen Springer-Presse und Zeitungen oder Zeitschriften anderer Verlage peinlich gering geworden sind.
Wir sagen nicht, daß man *keine* Differenzen: etwa in der Einschätzung des Berufsverbots, der Bandenhysterie, der Ostverträge, mehr fände. Noch immer tritt die ›Frankfurter Rundschau‹ allzu einseitigen Berichten über die Lage an unseren Hochschulen und Universitäten entgegen, noch immer scheut sich die ›Zeit‹ davor, bei Skandalen wie im Falle E. Mandels oder H. Holzers mit der Stimme der Regierungsparteien oder der CDU zu sprechen – sie hält Distanz, mit leichter Ironie als schwacher Erinnerung an ihre ehemals kritische Funktion. Dennoch schreitet die Angleichung oder freiwillige Gleichschaltung in zu vielen innen- und wirtschaftspolitischen Fragen fort. Stimmen wie die des ›Bayernkuriers‹ oder des ›Rheinischen Merkur‹ haben durchaus keine Abseitsposition mehr, wie der Leser regionaler Zeitungen (Hannoversche Allgemeine Zeitung, Rhein-Neckar-Zeitung, Rheinische Post usw.) bemerkt, wenn es um die Position der *Linken* geht. Auch die Presse-Konzentration schreitet fort – sagen wir es vorsichtig: die Bedingungen für äußere und innere Pressefreiheit verschlechtern sich. Das Instrument der kapitalistischen Kontrolle relativ unabhängiger Presse-Organe, die Belegung mit Anzeigen, funktioniert. Was ökonomische Konzentration und die Anzeigenbelegung einleiten, *Gleichschaltung*, setzt sich gegenwärtig im Widerstand gegen gewerkschaftlich organisierte Journalisten und Redakteure fort oder fließt auch ohne solche Anlässe aus der Mobilisierung reaktionärer Bourgeoisie.** Noch ist die Presse-Landschaft bereichs-

Saarländischen Rundfunk, und – schon etwas früher – Walter Fabian, Chefredakteur der ›Gewerkschaftlichen Monatshefte‹.
* § 130 StGB regelt die Sanktionen im Falle von *Volksverhetzung*.
** So trafen sich Ende Januar 1972 Dregger und Stoltenberg (CDU) mit dem Heinrich Bauer-Verlag in Kronberg (Taunus).

weise zerklüftet, aber unter dem gewaltigen Überhang antidemokratischer Agitation in der Springer-Presse und verwandten Organen scheint das, was an ›kritischer Öffentlichkeit‹ in früheren Jahren sich sehr wohl bemerkbar machte, langsam zu erlöschen. Dies ist nicht nur ein Problem der BRD. Die wachsende Illiberalität von Zeitungen wie der (konservativen) ›Neuen Zürcher Zeitung‹ und der (liberalen) ›Weltwoche‹ in der *Schweiz* haben wir unlängst ausführlich dargestellt und verweisen darauf.[34] In *Frankreich* führt das Regierungsmonopol über Fernsehen und Radio und die ›ängstliche Servilität der großen Presse‹ zur Meinungsmanipulation in großem Ausmaße.[35] Die *Gauche prolétarienne*: »Die Pressekampagnen leiten ganz deutlich die Operationen der Polizei ein. Man könnte fast annehmen, daß man sich an hoher Stelle auf die Erfahrung der Nazis besonnen hat: ›Ohne Automobile, ohne Flugzeuge, ohne Lautsprecher hätten wir Deutschland nicht erobern können. Diese drei technischen Mittel ermöglichten eine bemerkenswerte Kampagne‹ (A. Hitler).«[35]

7. Gesellschaftspolitik

Welchen Einfluß der konservative Block in der BRD auf öffentlich bedeutsame Entscheidungen gewinnt, läßt sich an der Innen- und Gesellschaftspolitik der sozialliberalen Koalition ablesen. Sie weicht der *Mitbestimmungs*-Frage aus; das neue *Betriebsverfassungsgesetz* ist in punkto ›Friedenspflicht‹ (der Arbeitnehmerseite) und im Verbot politischer Aktivitäten im Betrieb noch immer ein Instrument, das zu unterdrücken, was vielleicht zur Emanzipation der Arbeiter*klasse* beitragen könnte. Die Reform des *§ 218*, der jede Frau mit einer Freiheitsstrafe bis zu 5 Jahren bedroht, die ihre Schwangerschaft abbricht oder abbrechen läßt, ist im roll-back der Gegenaufklärung und aus vermutlich wählerstrategischen Gründen schmählich gescheitert. Die vom Bundes-Justizminister Jahn verfochtene sogenannte Indikationslösung bedeutet, so die ›Humanistische Union‹, »wachsende Rechtsungleichheit, weitere Rechtsumgehung und benachteiligt nach wie vor die wirtschaftlich schwächeren Teile der Bevölkerung.«* Die Mobilisierung reaktionärer Bourgeoisie** hat die Reform des ›Pornografie‹-Verbots verhindert, die SPD/FDP-Regierungskoalition ließ sich durch fromme Dummköpfe und ›schweigende Mehrheiten‹ verunsichern – obwohl

* Zur Illustration: etwa 250 Frauen sterben jährlich an den Folgen eines illegalen Eingriffs beim billigen Pfuscher. Wer DM 2000.- aufbringt, kann den Eingriff relativ gefahrlos in Kliniken anderer Länder vornehmen lassen.

** in der Frage des § 218 stark unterstützt durch die katholische Kirche.

auf dem Hearing des Bundestags im November 1971 drei Tage lang Fachleute verschiedenster Herkunft fast übereinstimmend eine Freigabe von Pornografie für das einzige Mittel der Wahl hielten. Die sozialliberale Koalition weiß gegenüber der ›Rauschgift‹-Welle nicht anders sich zu helfen als durch verstärkte Kriminalisierung auch der Konsumenten, wobei ihr unter der Hand das Gesetz schärfer geriet, als es beabsichtigt gewesen sein mochte.
Was wir bis hierher in Erinnerung gerufen haben, könnte als Tendenz zur Illiberalität, als ›Gegenreform‹ (M. Vester[36]), bei schärferer Fassung als Gegen-Aufklärung bezeichnet werden. Das alte Symbol jeder Gegen-Aufklärung ist – der Henker. Seit den gesetzgeberischen Aktivitäten, die zur Notstandsgesetzgebung geführt haben*, Gesetze, die »eine umfassende Überwachung aller Bewegungen im Volk und in der Arbeiterklasse legalisieren und den Einsatz der Bundeswehr in Streikkämpfen und gegen Massenbewegungen ermöglichen«[37], haben wir viel, *zu* viel Grund zum Frösteln bekommen.

8. Militarisierung der Polizei, Privatisierung der Justiz

Der Vorsitzende der CSU-Landesgruppe im Deutschen Bundestag, Richard Stücklen**, erklärte zum Problem der ›inneren Sicherheit‹ in der BRD im Sommer des vorigen Jahres:
»Die in den letzten Tagen über das Land hinweggehende Welle dreistester Banküberfälle verdeutlichte einmal mehr, in welch erschreckendem Ausmaß in Deutschland das Gewaltverbrechen überhand nimmt. Es kann kein Zweifel sein, daß Staat und Gesellschaft an dieser Entwicklung Mitschuld tragen. Mancher Akt der Liberalisierung unseres Strafrechts und Strafprozeßrechts bekam in seiner modisch bedingten und plakativ durchgeführten Art den Charakter eines Freibriefs. Dasselbe gilt für die Grundsätze des Polizeieinsatzes, die immer weniger von den gegebenen Rechtsnormen, als von übertriebenem Psychologismus geprägt werden. Diese Nachlässigkeiten staatlicher Stellen kamen zum Teil nur unter dem Druck lautstarker gesellschaftlicher Gruppen zustande . . .«[38]
Am 13. 2. 72 setzte der Nürnberger Oberstaatsanwalt H. Sachs in ›Bild am Sonntag‹ diesen Typ von ›Aufklärung‹ bündig fort: die Polizei müsse schneller schießen. Zwischen diesen Daten liegt nicht nur die Erschießung Georg v. Rauchs in Berlin und Tho-

* Vgl. Näheres dazu S. 52 ff.
** Auch in einer zukünftigen CSU/CDU-Regierung durchaus als Minister, als Kabinettsmitglied denkbar.

mas Weißbeckers in Augsburg*, sondern Schüsse auf flüchtende Autodiebe und ein holländisches Ehepaar auf Urlaubsreise. Am 1. 3. 72 wurde der 17jährige Lehrling R. Epple von einer Polizeistreife in Tübingen durch 7 Schüsse aus einer Maschinenpistole getötet. Grund: Epple hatte einem Polizeistreifenwagen die Vorfahrt genommen und versucht (da er ohne Führerschein fuhr), sich der Personenkontrolle zu entziehen. Die Polizisten im Streifenwagen verfolgten ihn und feuerten mehrere Maschinenpistolensalven auf seinen Wagen. Die Reifen des Wagens blieben unbeschädigt, 6 Schüsse trafen ein Wohnhaus. War dieses Schnellfeuer dem Oberstaatsanwalt schnell genug?

Ein Grafiker Uwe S., Träger eines Barts, mit schnellem Wagen, gerät in eine Fahndung und im Wortsinne in eine lebensgefährliche Situation: muß aus dem Wagen heraus, sich umdrehen, mit erhobenen Händen und gespreizten Beinen gegen sein Fahrzeug lehnen und wird, obwohl im Besitze eines gültigen Personalausweises, mehrere Stunden auf einem Polizeirevier festgehalten. Nach einer Meldung der ›Frankfurter Rundschau‹ vom 15. 3. 72 erklärte einer der Polizisten – etwa zehn waren beteiligt –: ihre Maschinenpistolen seien entsichert gewesen, gut für ihn und für die Polizei, *daß er keine falsche Bewegung gemacht habe und nicht zur BM-Bande gehöre.*

Warum? *Doch* Exekution?

Bei einer Aktion in Heidelberg erwiesen sich die beteiligten Beamten als z. T. derartig aufgehetzt, daß sie vor Drohungen gegenüber einem ›linken‹ Anwalt nicht zurückschreckten.[40] Der Griff zur Waffe liegt nahe.**

Geplante Notstandsübungen für Krisensituationen (sog. ›Großfahndungen‹) gewöhnen die Bevölkerung nicht nur an Maschinenpistolen, sondern auch an Hausdurchsuchungen ohne richterliche Verfügung und an militarisierte Verkehrskontrollen Der Innenminister des Landes Nordrhein-Westfalen, Weyer (F. D. P.): Man müsse die Bevölkerung an den Anblick einer bewaffneten Polizeimacht gewöhnen *wie an das Steuerzahlen.*[41] Parallel dazu läuft eine riesige Kampagne in der Presse, um den

* Petra Schelm starb, wenn vorliegende Berichte zutreffen, im Unterschied zu den Genannten im Kugel*wechsel.* – Wer lehrt die Polizei, kampfunfähig zu schießen? Vgl. aber 39

** ›Frankfurter Rundschau‹ vom 24. 2. 72: »Alarmierende Praktiken der Oberhausener Polizei offenbarte der als Zeuge geladene Polizeiobermeister Holger Tomaske, der zusammen mit einem Kollegen Anfang Dezember 1970 Ruhland in Oberhausen verhaftet hatte. Tomaske gab an, er und sein Kollege hätten sich mit durchgeladenen und entsicherten Pistolen dem gestoppten Ruhland-Wagen genähert, obwohl sie ›keinen konkreten Verdacht‹ gefaßt und als Kontrollgrund lediglich Geschwindigkeitsüberschreitung angegeben hätten. Es sei üblich, so erklärte Tomaske auf erstaunte Fragen Webers, daß bei Dunkelheit ›zur Eigensicherung‹ grundsätzlich ein Beamter eine entsicherte Pistole in der Hand habe, meistens werde dies aber nicht im Dienstbericht erwähnt.«

Ausbau der staatlichen Gewalt propagandistisch abzusichern – so wird nicht nur die ›Baader-Meinhof-Bande‹ systematisch hochgespielt, sondern auch sonstige Banküberfälle müssen dazu herhalten, eine ›bessere Organisierung der Polizei‹ zu fordern. Die Zentralisierung des Polizeiapparats, die Einrichtung und Einübung zentraler Verfolgungsbehörden (und der Ausbau des *Werkschutzes*)[42] und die Einstimmung von Bevölkerungs-Mehrheiten auf das *law-and-order*-Geschrei wird durch Maßnahmen ergänzt, die dazu geeignet sind, das Rechtsbewußtsein in der Bevölkerung langsam auszuhöhlen – ein Vormarsch in die Vergangenheit dieses Landes.

Der Gedanke der ›Selbstjustiz‹, der Reprivatisierung der Justiz, der in den USA im Zusammenhang mit dem dort verbreiteten Waffenbesitz, der bis in die Kolonialisierungs- und Industrialisierungsperiode zurückreichenden Traditionen privater Armeen und der fortschreitenden Faschisierung als Konsequenz des Vietnam-Kriegs[43] wieder eine Heimat gefunden hat, wird von CSU-Politikern auch in der BRD initiiert. Es sei rechtlich unbedenklich, so der bayerische Innenminister Merk, »wenn sich Bürger zu einer Gemeinschaft zusammenschließen, deren Ziel es ist, die Polizei ... zu unterstützen«[44] – »in dem eben umrissenen Rahmen«. Welcher ›Rahmen‹ ist das? Die Bevölkerung solle »a) der Polizei mehr als bisher Hinweise zur Verhütung oder Verfolgung von Straftaten geben*, b) häufiger einen auf frischer Tat Ertappten festnehmen, und c) öfter Nothilfe üben«. Es ist uns nichts darüber bekannt geworden, daß gegen den Innenminister im Zusammenhang mit der Frage »Verfassungsfeindliche Kräfte im öffentlichen Dienst« ermittelt wurde. H. Betzler (F. D. P.) empfahl in der Zeitschrift ›Die Polizei‹ (1971, 290) – unter Berufung auf US-amerikanische Vorbilder! –, in jedem Stadtviertel sollten Vertrauensmänner der Bürger die Polizei unterstützen, »indem sie ihre Umgebung beobachten und Unregelmäßigkeiten der Polizei melden«; allerdings, wie er sagt, »ohne Schießprügel und Schlagring«. Einen Schritt weiter ist, wie man hört, R. Sperber gegangen, Vorstandsmitglied der niedersächsischen F. D. P.: er hat nach einer uns vorliegenden Quelle empfohlen, Schützenvereine künftig als ›Hilfssheriffs‹ zur Verbrechensbekämpfung zu mobilisieren. Diese Bürgerwehr (mit amtlichen Armbinden) solle auf Streifengänge gehen; als Bewaffnung werden die in Schützenvereinen üblichen Kleinkalibergewehre empfohlen, durchaus tödliche Waffen.[45]

Manche Bürger verstehen die Zeichen der Zeit; am 13. 9. 1971 inserierten mehrere Münchener Bürger in der Süddeutschen Zeitung. Dort hieß es u. a.: »Wir erwarten vom Gesetzgeber, daß er

* Ähnliches will auch Zimmermann im Fernsehen, und auch ›Bild‹ möchte aus uns ein Volk von Denunzianten machen.

sich nach den Bedürfnissen der Gemeinschaft richtet und nicht nach Ideologien, oder einem schlechten Gewissen wegen extrem anderer Haltung vor 1945«. Die Zustimmung des Regierten, die in demokratischen Staaten die Legitimität der Regierung ausmacht – hier wird sie ihr erregt erteilt. Keine Kritik an der Militarisierung der Polizei oder an der Errichtung eines ›linken‹ Feindbildes darf geübt werden, denn: »Wir vermuten, daß an der Demoralisierung der Polizei und der Gerichte nur Interesse haben kann, wer direkt oder indirekt von der Kriminalität lebt, oder für bestimmte Zeit die Gesetzlosigkeit anstrebt. Wahrhaft demokratische Parteien müßten in diesem Punkte unter Verzicht auf Taktik ein Bild der Einigkeit bieten«.*
Der Souverän der parlamentarischen Demokratie, das ›Volk‹, strickt freilich, wenn es Justiz privatisiert und der Eroberung des Landes durch Innenministerien zustimmt, ohne es zu ahnen, an seiner *eigenen* Repression. Es ist nie *ganz* ausgemacht, gegen wen sich bewaffnete Unterdrückung potentiell richtet: nur gegen *Linke,* die den Lohnabhängigen ihre wahre Lage vor-buchstabieren, oder nicht auch gegen die Lohnabhängigen selbst, die schließlich den ›Hintergedanken‹ der Marxisten und Sozialisten einmal selbst haben könnten? Lernt nicht sogar der zur Selbstjustiz und Privatpolizei aufgerufene Bürger darin, daß er sieht und hört, wie *einige* Bürger sie auszuüben beginnen, daß seine Ohnmacht keine totale ist? Unüberhörbar klingt in den Warnungen vor der ›radikalen Linken‹ und der zunehmenden Gewalttätigkeit eine *Warnung an den Gewarnten* mit – das einmal aktualisierte Arsenal von Gewalt ließe ebenso gut gegen sie selbst sich richten.

9. *Haftrecht*

Die Bürger, die in jenem zitierten Inserat von den demokratischen Parteien ein ›Bild der Einigkeit‹ fordern, wenn es um die Militarisierung des öffentlichen Lebens und um den Abbau jeglicher Anstrengung zur Humanisierung des Strafvollzugs u. ä. geht, finden ihre Forderung verschiedentlich schon erfüllt. Der Ruf nach einer *Verschärfung des Haftrechts,* bislang von der CDU/CSU-Bundestagsfraktion erhoben: »Eine der ... dringendsten Maßnahmen ist die Verschärfung des Haftrechts, wenn nicht die Unsicherheit in der Bevölkerung weiter wachsen und das Handeln der Polizei durch zunehmende Resignation gelähmt werden soll«**, findet durchaus in der SPD Zustimmung, auch die des Bundesjustizministers. Es wird ohne Zweifel zur

* Vgl. unsere Anmerkung, S. 111.
** So Fr. Vogel, MdB CDU, im ›Rheinischen Merkur‹ vom 11. 2. 72.

Zeit auf verschiedenen Ebenen an der Schaffung eines kompletten Vorbeugehaft-Instrumentariums gearbeitet – die politische Funktion der Vorbeugehaft wird durch den Wortlaut von Gesetzesnovellen und -empfehlungen verschleiert, indem ›von einem generellen Haftgrund der Wiederholungsgefahr‹ gesprochen und der Begriff des *Serientäters* an Delikten wie: Schwere Körperverletzung, erpresserischer Kindesraub, Menschenraub, Sprengstoffdelikte u. a. gern lautstark festgemacht wird. »Mit der fernsehgerecht aufgezogenen und Millionen Zuschauern optisch zugänglich gemachten Münchener Polizeiaktion (der Bankraub mit Tod einer Geisel, Ref.) und der anschließenden hysterisierenden Berichterstattung der Massenpresse glaubt man den Bürger dort, wo er auch eine solch unpopuläre Maßnahme wie die Vorbeugehaft schlucken wird«, so G. Härdle.[46] Er erinnert in seiner Analyse der geplanten Haftrechtsverschärfung an deren Vorgeschichte: »Die Intention Bendas, dann Jägers und Stücklens, schließlich Hirschs* im Jahre 1968 . . . war zweifellos die, mit Hilfe des neuen Haftgrundes (Wiederholungsgefahr, Ref.) wirksamer, d. h. präventiv, gegen geplante Demonstrationen und deren Teilnehmer, insbesondere die sog. ›Rädelsführer‹ vorgehen zu können«. Die Intention blieb, der mögliche Betroffenenkreis hat sich erweitert.

10. Tendenzen zur Refaschisierung

Jeder von uns weiß, daß der Umgang der Polizei und der Justizbehörden mit *Linken* solche Tendenzen zur Refaschisierung bereits erkennen läßt. Genossen in Westberlin, Heidelberg oder Frankfurt, Mitglieder von Kommunen und andere wissen ein Lied davon zu singen. Haß trifft Personen, die im Zusammenhang mit der Fahndung nach Baader, Meinhof u. a. festgenommen worden sind. So z. B. wird Monika Berberich, unter dem § 129 StGB** in Untersuchungshaft[47], in *Beugehaft* gehalten.***

* SPD-Jurist, MdB.

** § 129 StGB: »1) Wer eine Vereinigung gründet, deren Zwecke oder deren Tätigkeit darauf gerichtet sind, strafbare Handlungen zu begehen, oder wer sich an einer solchen Vereinigung als Mitglied beteiligt, für sie wirbt oder sie unterstützt, wird mit Freiheitsstrafe bis zu fünf Jahren bestraft. 2) Absatz 1 ist nicht anzuwenden a) wenn die Vereinigung eine politische Partei ist, die das Bundesverfassungsgericht nicht für verfassungswidrig erklärt hat, b) wenn die Begehung von strafbaren Handlungen nur ein Zweck oder eine Tätigkeit von untergeordneter Bedeutung ist . . .«
Die Generalbundesanwaltschaft ist ermächtigt, die Strafverfolgung wegen § 129 StGB an sich zu ziehen (§ 74a des Gerichtsverfassungsgesetzes); die Entscheidung darüber trifft sie nicht allein, denn nach § 147 des Gerichtsverfassungsgesetzes ist sie der Dienstaufsicht des Bundesjustizministers unterworfen.
In Sachen RAF hat die Bundesanwaltschaft die Verfolgung der Sicherungs-

Die Untersuchungshaft ist nicht nur extrem lang, sondern obendrein verschärft; hier wäre zusätzlich Margrit Schiller zu nennen: Tags und nachts beleuchtete Zelle; mehrere Monate in fensterloser Zelle; verkürzter Hofgang; schwere Hausstrafen für geringfügige Verstöße gegen die Hausordnung. Über verstärkte Durchsuchungen und Fesselung von Gefangenen wird berichtet.[43] Rechtsanwälte werden in der Ausübung ihrer Tätigkeit behindert und selbst Opfer von Sanktionen.**** »Noch nie hat«, so die ›Frankfurter Rundschau‹ in einem Kommentar zu Baader-Meinhof, »ein Fall so sehr die Neigung spüren lassen, bei Presseorganen, Behörden und Politikern des dringend erforderlichen Erfolges wegen rechtsstaatliche Normen allzu großzügig zu interpretieren« (18. 1. 72).
Auch andere, mit der R. A. F. nicht einmal von ›Bild‹ in Verbin-

gruppe Bonn (ursprüngliche Aufgabe: Schutz von Politikern und Staatsbesuchen) übertragen, deren Funktionen damit immer deutlicher sich denen einer zentralen und geheimen Staatspolizei angleichen – mit allen Folgen der Unkontrollierbarkeit und extensiven Rechtsauslegung.
Vollkommen konsequent wird der § 129 StGB heute nicht mehr gegen Gangsterbanden oder Rauschgiftringe angewandt (so z. B. auch nicht gegen die Mitglieder der Westberliner ›Speer-Bande‹).

*** Die Londoner Zentrale von ›Amnesty International‹ will den Sachverhalt überprüfen.

**** »Am 28. 10. 1971 hat die Polizei die Büroräume der Heidelberger Verteidiger des Sozialistischen Patientenkollektivs (SPK), der Rechtsanwälte Jürgen Laubscher, Marieluise Becker, Eberhard Becker durchsucht und zusätzlich die Wohnung von Eberhard Becker. Gegen Rechtsanwalt Becker hat die Staatsanwaltschaft ein Ermittlungsverfahren mit dem Vorwurf eröffnet, er solle das SPK, angeblich eine »kriminelle Vereinigung« (§ 129 StGB), dadurch unterstützt haben, daß er ihm eine Lichtbilderkartei mit Fotos von Polizeibeamten zur Auswertung überlassen habe. Diese Kartei sollte beschlagnahmt werden. Die – im übrigen ergebnislose – Durchsuchung und das Verfahren gegen Rechtsanwalt Becker sind ein unzulässiger Eingriff in die Rechtsstellung eines Anwalts. Nach § 1 der Bundesrechtsanwaltsordnung ist der Rechtsanwalt ein Organ der Rechtspflege, er ist gesetzlich zur Verschwiegenheit verpflichtet (§ 300 StGB), und der ungehinderte Verkehr zwischen einem Beschuldigten und seinem Verteidiger ist gesetzlich garantiert (§ 148 StPO). Selbst wenn man die Behauptung im Durchsuchungsbefehl als richtig unterstellen würde, wäre er durch nichts gerechtfertigt. Denn es würde selbstverständlich zur ordnungsgemäßen Verteidigung gehören, wenn ein Rechtsanwalt Bilder von möglichen Zeugen, auch von Polizeizeugen, seinen Mandanten zur Identifizierung vorlegen würde. Erfahrungsgemäß ist es für die Verteidigung nämlich nahezu unmöglich, Polizisten zu ermitteln, die ohne Namenskarte oder sichtbare Dienstnummer sich einer Feststellung entziehen. Der Durchsuchungsbefehl enthält kaum Tatsachen, obwohl das Gesetz vorschreibt, gerichtliche Entscheidungen nicht mit Vermutungen und bloßen Behauptungen, sondern mit gesicherten Tatsachen zu begründen. Was Becker vorgeworfen wird, nämlich das Vorzeigen einer Lichtbildkartei von Polizisten an Mitglieder des SPK, ist nicht strafbar.
Für die Behauptung, er habe damit eine kriminelle Vereinigung unterstützen wollen, für seine subjektiven Absichten also, werden überhaupt keine Tatsachen genannt. Für die Behauptung, das SPK sei eine kriminelle Vereinigung, wird ebenfall keine einzige Tatsache genannt.«[49]

dung gebrachten Prozesse: gegen Teufel, Kunzelmann, H. v. Rauch sind ein Indiz für die Fortsetzung mancher Polizei-Einsätze gegen demonstrierende Studenten mit anderen, härteren Mitteln. Bemerkenswert ist vor allem zweierlei: einmal der neuerdings wieder extensive Gebrauch des § 129 StGB, der in den Jahren der Kommunisten-Verfolgung in der BRD, vor allem nach dem Verbot der KPD, alle nur denkbaren Formen von Verbindungen zur oder Sympathie für die KPD zu kriminalisieren gestattete. Nach dem »Gesetzes-Wortlaut« kann die »Strafverfolgung auf Sympathisanten jedweder Art ausgedehnt werden« . . Im Februar 1972 »gingen Kölner Staatsanwälte gegen Jugendliche vor, die lediglich ein Spendenkonto für Baader-Meinhof-Häftlinge eröffnet hatten.«[50] Auch gegen das Sozialistische Patientenkollektiv Heidelberg (SPK) wird der Vorwurf erhoben, eine kriminelle Vereinigung im Sinne des § 129 StGB zu sein oder eine solche zu unterstützen.
Die Zuziehung von staatlichen Sonderapparaten, wie Bundesanwaltschaft, Bundeskriminalamt, Sicherungsgruppe Bonn »tut ihr übriges, die Maßlosigkeit des Einsatzes ins Rechtswidrige umschlagen zu lassen.«[51] Erst in diesem Zusammenhang (Abschn. 7, 8, 9) wird verständlich, welche Gefahr darin liegt, daß viele Entscheidungsprozesse gegen Linke, auch gegen linke Wissenschaftler, im vorrechtlichen oder außerrechtlichen Rahmen stattfinden – nicht mehr die Kenntnis von Beweismitteln, sondern Berichte der Presse und Brandreden von Politikern, Aufforderungen zur ›Bürgerjustiz‹ usw. werden zum Leitsystem staatlicher Maßnahmen. Noch in einer rechtlichen Sprache verkündigt, laufen sie tendenziell als Vollzugsakte *außerstaatlicher* Kräfte ab.

11. Der Bundesgrenzschutz

Am innen-militärischen Charakter des BGS besteht seit langem kein Zweifel: bereits 1964 probte er in Bayern und Baden-Württemberg die Bekämpfung *roter Banden.** Die Notstandsgesetze regelten den Einsatz des BGS in Art. 87 a, Abs. 4 – Einsatz im ›inneren Notstand‹, im ganzen Bundesgebiet im Kriegsfall (Art. 115 f. GG). Am 14. 9. 1971 aber legte der Bundesminister des Inneren (Genscher, F. D. P.) dem Kabinett den Entwurf eines Bundesgrenzschutzgesetzes vor, nach dem der BGS nun auch als *Bundespolizei* und durchaus schon *unter* der sogenannten ›Notstandsschwelle‹ eingesetzt werden kann.** Bemerkenswert erscheint uns das Argument des Innenministeriums zu sein,

* Vgl. hierzu »Informationsdienst für den Bundesgrenzschutz« vom 24. 11. 1964.
** Der Gesetzesentwurf spricht von Ordnungsaufgaben, »die nichts mit der

sein Entwurf orientiere sich an den Aufgaben, die dem BGS »im Laufe der Zeit durch die Rechtsentwicklung außerhalb des Bundesgrenzschutzes zugewachsen« seien.

St. Baier, dessen Analyse wir folgen[51], bemerkt dazu, hier werde eine längst nicht mehr rechtlich abgedeckte Praxis nachträglich legalisiert. Die politische Stoßrichtung ist auch für den deutlich, der nicht mehr weiß, daß Herr Benda den BGS auch mit ›Störern‹ konfrontieren wollte, die allenfalls mit Pflastersteinen oder Tomaten oder auch gänzlich unbewaffnet auftreten. St. Baier: »Auf dem Hintergrund einer immer stärker werdenden Kampfbereitschaft der Arbeiter in ihren ökonomischen Kämpfen (wilde Streiks 1969, Metallarbeiterstreiks Herbst 1970, Chemiestreik 1971, Metalltarifrunde Herbst 1971) und den Zeichen der kommenden Krise, muß man feststellen, daß die SPD/FDP-Regierung eine Truppe geschaffen hat, die erstens lokale Arbeitskämpfe und politische Demonstrationen (›zur Unterstützung der Länderpolizei‹) zerschlagen und zweitens als mobile Regierungstruppe ... den festen Kern der mit ... verschiedenen Länderpolizeien gebildeten Bürgerkriegsarmee abgeben wird.«[52]

P. W. F. Boullay, Brigadegeneral des Bundesgrenzschutzes, steht unter dem erheblichen Verdacht, aus der engsten Umgebung des Reichsführers SS Himmler zu stammen, und soll, nach Materialien des Präsidiums der VVN/Bund der Antifaschisten, dem Stab der Bandenkampfverbände der SS angehört haben. Unter Aktenzeichen II a/b 3151/44 forderte der »Chef der Bandenkampfverbände« der SS seine Beförderung zum SS-Sturmbannführer.[53] Taktikübungen des Grenzschutzes, eine Ortschaft mit gepanzerten Fahrzeugen und mit Artillerie zu säubern – bekanntgeworden durch die Weigerung zweier Hauptleute, hierbei mitzumachen[54] – waren demnach schon immer das Metier von Herrn Boullay.* Aber der Bundesinnenminister Genscher sieht im Bundesgrenzschutz ›ein jederzeit abrufbereites und jederzeit einsetzbares Sicherheitspotential, das mit den modernsten technischen Hilfsmitteln ausgerüstet sei‹.[55]

Über die Entwicklungen in der Bundeswehr gibt es noch wenig zuverlässige Quellen. In der Presse wird freilich die Forderung nach ›härterem Durchgreifen‹ immer deutlicher, so z. B. Adelbert Weinstein in der ›Frankfurter Allgemeinen Zeitung‹ (18. 3. 1972): »Das schwächste Glied dieser Armee ist aber der Wehrpflichtige ... Die Wehrpflichtigen haben versucht herauszufinden, wieweit der eigene Wille auch in den Streitkräften durchzusetzen sei. Sie wissen jetzt, daß sie alles dürfen. Man wollte und will nicht undemokratisch

Wacht an der Grenze und dem militärischen Auftrag dieser Truppe gemein haben«.

* Bekannt wurde in den letzten Wochen die Tätigkeit von Schrübbers, Präsident des Verfassungsschutzes, im ›Dritten Reich‹. Die Identität der Verfolger und der Verfolgten bleibt gewahrt.

scheinen. Und außerdem ist an dem abstrakten Gleichheitsprinzip festzuhalten, das allen sozialistischen Politikern so teuer ist ... Der gefährlichste Angriff kommt von der Seite der Wehrdienstverweigerer. Hier wird ein ständiges Attentat auf unseren Staat verübt. Das Gewissen ist ein zynischer Vorwand für den Egoismus von Drückebergern geworden ... Die Anti-Helden dieser militärischen Generation werden ununterbrochen zu Komplicen radikaler Revolutionäre umfunktioniert. Und Bonn sieht zu.«

12. Einschränkung demokratischer Rechte der Arbeit und der Fabrik

Im Zusammenhang mit Berufs- und Berufungsverbot, sozialer Ausbürgerung und Qualifikationsenteignung, institutioneller Zensur und negativer Sanktion gewerkschaftlicher Organisation im Kommunikationsbereich auch die Anschläge auf Koalitionsfreiheit, Streikrecht und politische Interessenartikulation der Arbeiterklasse in der Fabrik zur Sprache zu bringen, mag manchem trivial erscheinen. Schließlich gehören, so wird man sagen, permanente Einengung und Unterdrückung der Arbeiterkoalitionsfreiheit und des Streikrechts zur Alltagspraxis der Mehrwertproduktion. Darüber hinaus sei der Mechanismus von Sanktionen in der Lohnarbeitssituation in viel unmittelbarerer Weise verankert als in jedem anderen individuellen Reproduktionsverhältnis: Mag das Beamten- und Disziplinarrecht Angehörige des öffentlichen Dienstes angesichts einer Reihe von Grundrechten auch minderprivilegieren, am schwersten trifft es den, der für die (sein Überleben garantierende) Ware Arbeitskraft kein Käuferinteresse mehr findet.

Das Prinzip bürgerlicher Legalität, die absolute Vertragsfreiheit, deklassiert den Lohnabhängigen immer und als solches. Die Sphäre des Warentausches ist eben nur dem Schein nach ein »wahres Eden der angeborenen Menschenrechte« (Marx), was sich im Lohnarbeitsvertrag zeigt. Gerade aber weil gegenwärtig der Angriff auf Teile der Sozialisations- und Kommunikationsintelligenz im Vordergrund des öffentlichen Interesses und der eigenen Betroffenheit steht, sollten wir gleichzeitig und aufmerksam die Schmälerung der demokratischen Rechte der Arbeit in der Fabrik registrieren. Das schützt vor berufsständischer Bornierung und vermittelt unseren Widerstand einer kämpferischen Tradition: Die Rechte der Arbeit sind immer Kampfprodukte. Sicherlich fügen sich Hinweise auf die Einschränkung der Rechte der Arbeit und der Fabrik nicht bruchlos unserer Bestandsaufnahme ein. Diese Einschränkungen müssen, schon weil sie nicht kampagnemäßig geführt werden, sondern Alltagspraxis der Produktion und kapitalistische Dauernotwendigkeit sind, in einem veränderten Bezugsrahmen interpretiert werden. Gleichwohl fällt an den Ereignissen, auf die wir hinweisen wollen,

auf, daß sie – zeitlich mit der Staatsfeindkampagne verbunden – Strukturelemente dieser Kampagne zeigen, insbesondere die justizförmig-legalistische Erscheinungsweise von Unterdrückung.
Im Januar 1972 hat das Arbeitsgericht Frankfurt streikende Arbeiter durch eine einstweilige Verfügung an die Arbeitsplätze gezwungen.[56] Folgendes hatte sich ereignet: Im vergangenen Januar legten bei den Vereinigten Deutschen Metallwerken (VDM) in Frankfurt 600 Arbeiter die Arbeit nieder. Nach einer Meldung der ›UZ‹ vom 21. 1. 1972 hatte sich der Vorstand der AG geweigert, die tariflich vereinbarte Lohnerhöhung voll auszubezahlen; unter Anrechnung außertariflicher Zulagen seien 1,5% abgezogen worden. Auf Antrag des VDM-Vorstandes erließ das Arbeitsgericht Frankfurt am 12. Januar gegen 16 Arbeiter – ohne deren Anhörung – eine einstweilige Verfügung, wodurch diese innerhalb einer bestimmten Frist zur Wiederaufnahme der Arbeit verpflichtet wurden, widrigenfalls sie 100 DM Entschädigung pro Mann und Arbeitstag zu zahlen hätten. Die Arbeiter nahmen daraufhin gezwungenermaßen die Arbeit wieder auf.
In der mündlichen Verhandlung vom 26. 1. vor dem Arbeitsgericht nahm der VDM-Vorstand seinen ursprünglichen Antrag zurück und begründete dies damit, der Zweck der einstweiligen Verfügung sei erreicht; nach der Wiederaufnahme der Arbeit habe man sich mit dem Betriebsrat geeinigt, daß den Betroffenen durch die Verfügung kein Nachteil entstehen soll. Das Verfahren war mit der Antragsrücknahme gegenstandslos. Eine Sachentscheidung traf das Arbeisgericht nicht mehr.
Der Vorgang ist ungeheuerlich: Arbeitern wird vom Unternehmer ein Teil ihres Lohnes vorenthalten. Sie machen ein Zurückbehaltungsrecht gem. § 320 BGB geltend, darüber setzen sich Unternehmer und Gericht mit Hilfe einer einstweiligen Verfügung hinweg, lassen es durch die Antragsrücknahme nicht zum Hauptsacheprozeß kommen, verhindern somit die dort gegebenen Rechtsmittel und versichern gleichzeitig den Arbeitern, durch die Gerichtsverfügung solle ihnen kein Nachteil entstehen.
Vollends zum Skandal wird dieser Vorgang auf dem Hintergrund der rechtlichen Wertung des Streiks durch das Bundesarbeitsgericht: Es kriminalisiert den spontanen Streik und auch faktisch das kollektiv geübte Recht auf Zurückbehaltung der Arbeitsleistung gem. § 320 BGB, auch wenn der Streik die Antwort auf eine Vertragspflichtverletzung des Unternehmers ist. Das Frankfurter Urteil schließt nun vorläufig die Lücke zwischen der Illegalisierung bestimmter Streiktypen und dem vergleichsweise groben Arbeitszwangsmittel polizeilicher und/oder militärischer Gewalt durch die als Mittel zum Arbeitszwang eingesetzte einstweilige Verfügung.

Unter dem Titel »Betriebsverbot für Gewerkschaft« berichtet die ›Rote Robe‹ (Nr 1/72) über einen Beschluß des Arbeitsgerichts Regensburg vom 1. 12. 1971. Strittig war, ob sich der Betriebsrat in Auseinandersetzungen mit der Unternehmensleitung der Anwesenheit und Unterstützung eines Gewerkschaftsfunktionärs versichern durfte. Unzweideutig legte das Gericht klar, wann ein Hauptamtlicher etwas im Betrieb zu suchen hat und wann nicht: »Das Gericht verkennt nicht, daß die Antragsgegnerin ihre Belegschaft erheblich verärgert hat, vor allem dadurch, daß der Arbeitgeber sich keine Zeit dafür nahm, mit den Vertretern seiner Arbeitnehmer von diesen gewünschte Gespräche zu führen. Das Gericht hat sich davon überzeugt, daß in dem Betrieb kein gutes Arbeitsklima herrscht. *Aber gerade in einem solchen Fall mußte es Sache des Beauftragten der Gewerkschaft sein, vorsichtig zu Werke zu gehen, um die schon verärgerte Belegschaft nicht noch mehr aufzubringen.* Der Betriebsrat hätte seine Rechte durchsetzen können, wozu ihm der Gewerkschaftsbeauftragte auch zu helfen hatte, ohne den Betriebsfrieden derart zu gefährden.«
Später bestätigte eben dieses Gericht das Betriebsverbot für einen Gewerkschafter, wobei eine Rolle spielte, daß er sich in einer Betriebsversammlung gegen die Redeweise von der Betriebsfamilie gewandt hatte. Der Prokurist der Firma in seiner Aussage: »Ich empfand das als ungehörig.« Inzwischen hat der Betriebseigner das Verbot auf alle Gewerkschaftsvertreter ausgedehnt.*

Das ist durchaus auf der Linie der herrschenden Rechtsauffassung. Konsultieren wir einen BVG-Kommentar zur Frage der Öffentlichkeit und thematischen Zuständigkeit des Rechtsinstituts Betriebsversammlung, z. B. den A. Nikischs[56a], der durchaus noch nicht zu den reaktionärsten zu zählen ist: Nachdem er ausdrücklich betont hat, daß es zu weit gehe, alle gewerkschaftlichen Fragen aus der Betriebsversammlung zu eliminieren, und meint, daß es nicht einzusehen sei, »warum nicht über kulturelle Veranstaltungen oder fachliche Ausbildungskurse der Gewerkschaften berichtet und zur Teilnahme aufgefordert werden sollte«, fährt er fort: »Anders ist es, wenn in einer ordnungsgemäß mit einem geeigneten Thema einberufenen Versammlung von einem Teilnehmer ohne vorherige Ankündigung politische oder gewerkschaftliche Angelegenheiten zur Sprache gebracht und Reden gehalten werden, in denen für eine Partei oder eine Gewerkschaft geworben wird. Hiergegen hat der Leiter der Versammlung nachdrücklich einzuschreiten, und wenn er das unterläßt, verletzt er seine gesetzlichen Pflichten, was zu seinem Ausschluß aus dem Betriebsrat führen kann (§ 23). Unbillig wäre es aber, wenn man den Arbeitnehmern, die einen solchen Mißbrauch nicht verhindern können und von denen nicht zu verlangen ist, daß sie den Versammlungsraum empört verlassen und an ihre Arbeitsplätze eilen, den Lohn für die versäumte Arbeitszeit vorenthalten wollte. Gewiß ist es nicht schön, wenn der Arbeitgeber die Kosten einer Betriebsversammlung tragen muß, in

* Über einen anderen Fall von Betriebsverbot für Gewerkschafter berichtet die FR vom 10. 3. 1972 aus dem Neu-Isenburger Chemie-Betrieb Du Pont de Nemours.

der dem Gesetz zuwider Parteipolitik oder Gewerkschaftspropaganda getrieben wird, aber er ist dagegen nicht wehrlos. Ist er zugegen, so kann er, falls der Leiter nicht eingreift, dem Redner das Wort verbieten und ihn nötigenfalls kraft seines Hausrechts hinausweisen. Gegen den schuldigen Betriebsrats-Vorsitzenden kann er nach § 23 BetrVG vorgehen und gegen den Gewerkschaftsbeauftragten, wenn dessen Auftreten zu beanstanden ist, in schweren Fällen ein Hausverbot erlassen.«

Auf dem Hintergrund einer derartigen Rechtsprechung, die einer fatalen Dialektik von Pazifizierung und Militarisierung der Betriebe Vorschub leistet, müssen eine Reihe anderer, hier unsystematisch zusammengetragener, noch nicht gerichtsnotorischer Meldungen und Äußerungen verstanden werden. Während »Sprecher der beiden großen Parteien Niedersachsens die Arbeitnehmer« auffordern, »bei den Betriebsrätewahlen die Möglichkeiten des neuen Betriebsverfassungsrechts zu nutzen und vor allem links- oder rechtsradikalen Kandidaten eine Absage zu erteilen« (›HAZ‹ vom 14. 2. 1972), wird bekannt, daß Bundeswehr-»Experten« für »psychologische Kampfführung« am Kölner Industrie-Institut Industriemanager trainieren (›UZ‹ vom 18. 2. 1972). In einem Leserbrief an die FR, der am 8. 2. 1972 abgedruckt wurde, führt ein Kasseler Lehrer darüber Klage, daß Lehrfirmen Auskünfte von ihm über Absolventen seiner Klasse verlangten. Man interessierte sich für »Charakter, Auffassungsgabe, Führung(!) und Leistung« und fragte auch nach den »häuslichen Verhältnissen«. In der vertraulichen »Eilnachricht« des Siemens-Konzerns vom 4. 11. 1971 an die Betriebsleitungen werden Verhaltensanweisungen für den Streikfall gegeben: »Sicherungsmaßnahmen: ... Kontaktaufnahme mit der Polizei; Karte des Betriebsgeländes mit Zugängen rechtzeitig an Polizei und Feuerwehr; Anschriften über Wohnheime, Namen der Heimleiter und Angaben über die im Heim wohnenden Nationalitäten an die örtliche Polizeidienststelle ...« Im Vorlauf sozusagen werden hier strukturelles Mißtrauen und Unterdrückung organisiert und institutionalisiert. Man bedient sich dabei einer nur schlecht oder teilweise inkriminierbaren Mischung legaler, halblegaler und illegaler Methoden. Jenen unter seinen Klassengenossen aber, denen die präventive Organisation der Unterdrückung zu wenig Sicherheit bietet und die vor allem an dem aktuellen Disziplinierungsgehalt dieser Maßnahmen zweifeln, ruft der immer bekannter werdende hessische Landespolitiker Alfred Dregger (CDU) zu: »Wir erleben zur Zeit, daß die Diskussion über den Bildungsurlaub fortschreitet und über kurz oder lang gesetzgeberische Akte zu erwarten sind. – Dann wird für diejenigen, die geeignete Anstalten anbieten können, die Chance dasein, den Bildungsstand und das Bewußtsein von Millionen Menschen zu lenken und zu beeinflussen ...«
Diese vorlaufende Unterdrückung und Manipulation von pro-

letarischer Selbstartikulation und -organisation erhebt sich nun keineswegs auf der Grundlage einer befriedigenden und befriedeten Arbeits- und Alltagssituation. Sie gerade darf nicht zum Bestandteil proletarischer Interessenartikulation werden. Pars pro toto genügt hier vielleicht schon ein Blick auf die Betriebsunfallstatistik: Während die Zahl der Beschäftigten von 1967 bis 1970 nur um knapp sechs Prozent gestiegen ist, hat sich die Zahl der Arbeitsunfälle in der gewerblichen Wirtschaft im gleichen Zeitraum um gut 14 Prozent erhöht[57], wobei all jene Erkrankungen und psychischen und sozialen Deformationen, die mittelbar aus dem Produktionsprozeß herrühren, statistisch unberücksichtigt bleiben.* Die medizinische, psychotherapeutische und sozialfürsorgerische Versorgung ist in diesem Bereich chronisch katastrophal. Etwa zur Zeit der Veröffentlichung der neuen betrieblichen Unfallstatistik wird auch bekannt, daß ein ordentliches Gericht die Klage der Gewerkschaft gegen einen Unternehmer abgewiesen hat, der seine jugendlichen Arbeiter mit für sie, wie die Klägerin annahm, unerlaubter körperlicher Schwerstarbeit beschäftigt hatte.[58]

In einem Punkt aber konvergiert gegenwärtig auffällig die aktuelle Staatsfeindkampagne mit der produktionsnotwendigen Dauerdisziplinierung der Arbeiterklasse: in der Frage der ausländischen Arbeitskräfte.** Grundgesetzänderungen stehen ins Haus, mit denen die sogenannte »extremistische« politische Betätigung von Ausländern in der BRD verhindert werden soll. Diese Grundgesetzänderungen hängen mit dem Entwurf eines Verfassungsschutzänderungsgesetzes zusammen, dessen wichtigste Bestimmung lautet, Auskünfte, Nachrichten und sonstige Unterlagen seien zentral zu sammeln über »Bestrebungen von Ausländern, die geeignet sind, die innere oder äußere Sicherheit oder auswärtige Belange der Bundesrepublik Deutschland zu beeinträchtigen«. Unter »erheblichen Belangen« der Bundesrepublik verstanden Kommentatoren des geltenden Ausländergesetzes bisher schon eine »Störung des Arbeitsfriedens« durch ausländische Arbeiter. Staatssekretär Frank vom Auswärtigen Amt jedoch setzt sogar die griechischen Exportinteressen einiger deutscher Großfirmen mit den außenpolitischen Interessen der Bundesrepublik gleich. Die ministerielle Begründung zum neuen Verfassungsschutzänderungsgesetz: eine Gefährdung der auswärtigen Belange liege u. a. immer dann vor, wenn ... »die Beziehungen zu anderen Regierungen beeinträchtigt werden können«. Triumphierend berichtet der ›Vorwärts‹ vom 10. 2. 72: »Die Ab-

* Der psychopathogene Gehalt der Fließbandarbeit und einer Reihe anderer industrieller Arbeitssituationen sind inzwischen für Psychiatrie und Sozialmedizin kein Geheimnis mehr.

** Auf die soziale und politisch-ökonomische Problematik der Arbeitsemigration kann hier selbstverständlich nicht eingegangen werden.

geordneten aber machten einen Strich durch den Plan. Mit den Stimmen der Opposition hat der Rechtsausschuß des Bundestages das Selbstverständliche beschlossen, daß In- und Ausländer nicht ungleich behandelt werden dürfen, und daß Demokratie trotz eventueller Belastung ›auswärtiger Beziehungen‹ stattfinden darf.«

Abgesehen davon, daß ›Der Spiegel‹ in Nr. 7/1972 vom 7. 2. 1972 von einem »Gesetzentwurf« berichtet, »der die Kompetenzen des Verfassungsschutzes ausweitet« hinsichtlich der Beobachtung von Ausländern in der BRD, und fortfährt, daß »am Donnerstag letzer Woche [also am 3. 2. 1972, die Ref.] ... der Rechtsausschuß des Bundestages die Verfassungsnovelle mit Mehrheit (billigte)«: So leichtfertig wie der Rechtsausschuß des Parlaments mit der Frage der »auswärtigen Beziehungen« umspringt, lassen sich diese Dinge aber offenbar doch nicht behandeln. Einer AP-Meldung vom 7. 3. 1972 zufolge sei die Verstimmung Teherans über die Tätigkeit iranischer Studenten in der BRD, die der Schah anläßlich des Kanzlerbesuchs in Persien so blumenreich schilderte (»internationale Subversion, dekadent, negativ, ja nihilistisch«), dadurch ausgeräumt worden, daß die deutsche Delegation Schritte zur Verschärfung des Ausländerrechts in Aussicht gestellt habe (oder hat?).*

Von wem eine »Störung des Arbeitsfriedens« gerade im Hinblick auf ausländische Arbeiter ausgeht, könnte wieder ein Blick auf die Betriebsunfallstatistik zeigen: Einem Bericht des baden-württembergischen Arbeitsministers Hirrlinger zufolge ist jeder dritte bei einem Arbeitsunfall tödlich verunglückte Berufstätige in Baden-Württemberg ein Ausländer. Aber nur jeder siebente Arbeitnehmer des Landes ist ein Ausländer. Das Risiko eines Todesfalls am Arbeitsplatz ist bei ausländischen Arbeitern mithin doppelt so hoch wie bei deutschen.[59] Noch immer ist die Frage der Schulaufsicht über ausländische Lehrkräfte, die die Kinder ausländischer Arbeiter unterrichten, zwischen Auswärtigem Amt und Kultusministerien bzw. parlamentarischen Kulturausschüssen strittig. Diese Lehrkräfte bedienen sich, abgesehen von ihrer oft offen antidemokratischen Propaganda, didaktischer und disziplinarischer Methoden und verwenden Arbeitsmaterialien, die diese Kinder nicht zu weit von den Gesellschaftssystemen der Mutterländer, z. B. Griechenlands, entfernen helfen. Sie unterstehen der direkten Kontrolle ihrer Konsulate und Botschaften, wie es der Auffassung des AA entspricht. Anderslautende Aussagen bleiben angesichts der Schulpraxis Lippenbekenntnisse.[60] Es bleibt hier ungewiß, was der »Störung« oder der Herstellung des »Arbeitsfriedens« dient.

Ganz deutlich wird der Zusammenhang zwischen der Staatsfeindkampagne und Anschlägen auf die Arbeiterkoalitionsfrei-

heit (ausländischer Arbeiter) in der Kontroverse um die Einrichtung zweier PCI-Büros in Stuttgart und Köln und der Gründung von PCI-Gebietsföderationen Süd und Nord im Januar bzw. Februar 1972.[61] Auf entsprechende CSU-Fragen in der Fragestunde des Bundestages am 24. 2. 1972 antwortete Innenminister Genscher, daß die PCI sich bereits seit 10 Jahren in der BRD (z. B. via Betreuungsorganisation Filef, italienischer Gewerkschaft CGIL) betätige.[62] Seit 1968 verfüge sie über einen regelrechten Parteiapparat. Seit Februar 1970 allerdings erst werde gezielt beobachtet. Zur öffentlichen Attacke führte dann die Gründung der zwei Büros, die sich selber als »Betreuungsstellen« im »sozialen und kulturellen Bereich« definieren. Ministerpräsident Filbinger (CDU) appellierte an Genscher, »umgehend die Rechts- und Sachlage zu prüfen, damit gegen die in der Bundesrepublik gegründete Regionalorganisation der Kommunistischen Partei Italiens (PCI) ›die erforderlichen Schritte eingeleitet werden können‹«.[63] Der ebenfalls ›betroffene‹ Innenminister Weyer (FDP) bat seinen Parteifreund im Bundesinnenministerium, »so schnell wie möglich die notwendigen rechtlichen Schritte gegen derartige Unternehmungen einzuleiten«. Die Ständige Konferenz der Innenminister vom 25. 2. 1972, auf die Genscher schon in der Fragestunde hingewiesen hatte, brachte keine »Fortschritte« – jedenfalls waren in Pressemeldungen keine erkennbar.[64] Die CDU/CSU beharrt auf der vollen ausländer- und vereinsrechtlichen Zuständigkeit des Bundesinnenministers. Gegenwärtig läßt Genscher in seinem Ministerium an einem »Querschnittsgesetz« arbeiten, das durch eine konzertierte Änderung von Versammlungs-, Vereins- und Ausländergesetz die politischen Aktivitäten von Ausländern in die innerstaatliche Feinderklärung einbezieht.[65]
Das Kapital organisiert sich multinational*, es nimmt die internationale Umverteilung der industriellen Reservearmeee vor, Nationalstaaten organisieren ihre Interessen auf den verschiedensten Ebenen übernational (Währung, Wirtschaft, Militär, Technologie, Forschung) – der Klassenkampf wird auf den Entwicklungsstand seiner traditionell nationalen Erscheinungsform fixiert.**

* Vgl. Kap. IV.

** Zur Frage der PCI-»Freizügigkeit« äußerte sich der stellvertretende Vorsitzende der Jungsozialisten Karsten Voigt gegenüber der FR (erschienen am 10. 3. 1972) wie folgt: »Wenn es Freizügigkeit in der EWG für Arbeitskräfte und Kapital gibt, dann muß es auch Freizügigkeit für jene Kräfte geben, die gegen das Kapital stehen.« Diese erzliberale Forderung ist geeignet, die Rechtsstaatsillusion auf der internationalen Ebene zu reproduzieren. Sie ist deswegen ärgerlich, weil sie propagandistisch und ohne Realisierungschancen ist. Sie steht damit unter dem Erfordernis von Aufklärung. Wenn es *so* ist, kann man sagen, *wie* es ist. Ohne Zweifel würde der gemeinte Zustand als faktischer die proletarischen Konfliktbedingungen verbessern.

II. Die innerstaatliche Feinderklärung

Wir fragen zunächst* nach der strukturellen *Einheit* des Vielfältigen, über das in der ›Einleitung‹ berichtet worden ist. Es liegt für eine materialistische Analyse politischen Wandels nahe, diese Einheit in den Bewegungsgesetzen der ökonomischen Sphäre aufzufinden. Dabei bestünde die Gefahr, daß uns die Entscheidungen der Regierungsgewalt zum bloßen Epiphänomen der Kapital-Interessen werden, was das Problem der Vermittlung von Kapital, Bourgeoisie und politischem Staat unzulässig vereinfachen würde. Wir wollen vielmehr - zunächst – eine andere Gefahr auf uns nehmen, indem wir nahe an den Erscheinungen bleiben, die wir in der Einleitung im wesentlichen katalogisierten, indem wir nach dem *Typus* des politischen Geschehens fragen, das da vor unseren Augen abläuft.

Wir werden – zunächst – dem *Staat* ein Maß an Autonomie, an Entscheidungsmacht einräumen, auf das er nach den Ergebnissen materialistischer Analyse keinen Anspruch erheben darf; insofern verhalten wir uns wie bürgerliche Analytiker. Dennoch ist *er* es, dessen Gewaltmonopol gleichsam die *Frontlinie* des politisch-sozialen Prozesses ausmacht, von dessen untergründigen Bewegungsgesetzen er nur mitgerissen wird. Wir halten es für einen zwar nicht wichtigen, aber doch wiederum nicht ganz gleichgültigen Vorteil dieses Vorgehens, daß wir in der Nachbarschaft des Selbstverständnisses bleiben, das die Regierungsgewalt (samt den staatstragenden Parteien) von sich haben wird: Ihre Souveränität lebt ja von der Vorspiegelung, es gäbe in der Lenkung, Steuerung und Zerstörung sozialer Prozesse einen unanfechtbaren Primat nationaler, staatlicher Politik vor dem übernationalen Prozeß der Entwicklung des Kapitals.**

Für konservative Staatstheoretiker (C. Schmitt u. a.) läge das, was die mannigfachen und höchst reaktionären Erscheinungen des staatlichen und sozialen Lebens in der BRD seit jüngerer Zeit vereinheitlicht, gleichsam offen: die *innerstaatliche Feinderklärung;* in der subjektivistischen Theorie als ›Prinzip‹ dieser Vereinheitlichung begriffen. Der Staat bestimmt sich als politische Einheit und als souverän in seinem Gewaltmonopol durch den inneren (absoluten) Feind, den er setzt; was zugleich den *Krisen*charakter der Aera entschleiert, die für ihn offensichtlich angebrochen ist; oder anders formuliert: Die bürgerlich-parla-

* Vgl. unsere Vorbemerkungen, S. 8.

** Die gegenwärtige reaktionäre Offensive zeigt im übrigen an, daß diese Vorspiegelung erschwert wird; vgl. die späteren Überlegungen.

mentarische Demokratie regrediert, in der Form des politischen Staats, auf den autoritären Staatsgedanken Carl Schmitts.
Der Staat bestimmt sich als politische Einheit und Souverän in einer *Zangenbewegung*: 1) in der Ausübung von Zwang, in Restriktionen auf dem Gebiet der *Bildungsprozesse von Bewußtsein* (denn vom ›Gebiet der ideologischen Auseinandersetzung‹ zu sprechen, wäre zwar nicht falsch, aber zu wenig eindeutig), und 2) in der Neukonstruktion (oder Verfeinerung) von Systemen *außerökonomischer Zwangsgewalt*, die freilich den unter 1) genannten restriktiven Zwängen zeitlich vorauslief.*
Der ›absolute Feind‹, in dessen Negation sich der politische Staat als souveräne Einheit und Wirklichkeit bestimmt, ist – vom Staat her betrachtet, soweit er sich öffentlich äußert – der *Kommunismus* (oder jede politische Bewegung, die auf eine Umverteilung von Eigentum an den Produktionsmitteln und auf eine politische Emanzipation der Arbeiter*klasse* abzielt), wobei freilich dieser McCarthy'sche Begriff von ›Kommunismus‹ alles einbeschließt, was – von uns, den Betroffenen, her betrachtet – in irgendeiner Weise an sozialrevolutionäre oder ganz allgemein ›linke‹ Traditionen anschließt.** Ohne Zweifel beschließt dieser ›absolute Feind‹ aber, vom Staat her betrachtet, noch etwas ungemein schwer Definierbares ein: wir können vorläufig von *Anarchie* reden, wenn wir darunter auch das Nachlassen bestimmter Massenloyalitäten verstehen, eine Schwäche des reflexartigen Unterwerfungsverhaltens der Massen-Population unter Gesetze und sittliche Normen.
In unserer Analyse der ›innerstaatlichen Feinderklärung‹ gehen wir nicht im strengen Sinne *empirisch* vor, d. h. wir fragen nach dem ›Typus‹ des Geschehens, das jetzt an- oder abläuft, vernachlässigen aber zunächst die Frage nach der *Effektivität* der Anstrengungen, die unsere Regierungsgewalt macht, sich absolut zu setzen. Einige *Einschränkungen* und Hinweise auf Ambivalentes, Widersprüchliches, die sowohl aus Gründen der Genauigkeit nötig sind als auch nützlich zur Vermeidung unnötiger Ohnmachts-Erlebnisse, fügen wir als ›Exkurs‹ an (S. 57 ff.).

1. Zwang im ideologischen Bereich

Restriktionen, Zwänge im Bereich der Bildungsprozesse von Bewußtsein betreffen verschiedene Einrichtungen, die »eine überwiegend ideologische Funktion ausüben«: Schulen und Universitäten, Massenmedien (Verlagswesen, Zeitungen, Radio, Fernsehen) andere kulturelle Einrichtungen und, »von einer gewissen

* Vgl. die Notstandsgesetzgebung, S. 52 f.
** Hier bestehen Konvergenzen mit dem ›äußeren Feind‹ (DDR, UdSSR).

Warte aus betrachtet ... auch die Familie.«* Wir benötigen einen vierfachen Zugang:

1. Gegenwärtig wird der ideelle Nonkonformismus unter Strafe gestellt, der noch im 19. Jahrhundert nicht unter Strafe gestellt war, auch »soweit er breitere Massen erfaßte und den Charakter der Agitation trug«[1] und den auch die Bundesrepublik in ihrer liberalen Phase kaum negativ sanktionierte – warum? Weil mit Feuerbach gedacht, aber im Gegensatz zu Feuerbach befürchtet wird, der Gedanke bleibe nur solange Theorie, und damit Gegenstand der Freiheit von Lehre und Forschung, als er nur in einem oder in wenigen Köpfen ist, wenn aber in den Köpfen Vieler, sei er schon *Praxis*. Dann genießt der Gedanke nicht mehr den Schutz des Art. 5 GG.

Zu den Zwangsmitteln des autoritären Staates, der sich selbst absolut setzt, gehört das *Denkverbot*, denn wenn Politische Justiz erst einmal den ›ideellen Nonkonformismus‹ unter Strafe stellt, verschlechtert sie über viele Konsequenzen hinweg (vgl. weiter unten) die Chance des Lehrens und Lernens, was zumindest keine Kontinuität in der *öffentlichen* Arbeit des Denkens zuläßt.

2. Gegenwärtig wird *mehr* ›unter Strafe gestellt‹, nämlich eine geschichtsangemessene Entwicklung des *Volksbildungswesens*. Wir müssen ein wenig weiter ausholen: Bislang hielten sich in den Volks- oder Grundschulen einerseits massenhaft Inhalte (und Methoden) aus den Epochen des Feudalstaats, der Monarchie, der ›heilen Welt‹ des Bauern, des (vorindustriellen) Handwerkers, der Religion, andererseits traf gerade das Kind der Bevölkerungsmehrheit (der ›Unterklasse‹) kaum noch auf Lehrpersonen, die seine Klassenherkunft teilten oder ihm Elemente *seiner* Klassenkultur hätten vermitteln können. In den Richtlinien für Volks- (und Berufs-) Schulen wird man allerorten die Vorherrschaft von Begriffen wie ›gute Ordnung‹, ›Grundlagen des Christentums‹, ›abendländisches Kulturgut‹ und ›deutsches Bildungserbe‹ treffen.** Hinzukommt, daß es dem Lehrer verwehrt werden soll, einen ihm verbleibenden Spielraum für die Durchstoßung all dieser ideologischen Schleier zu nutzen, *realitätsangemessen* zu bilden.*** Zur Restriktion solcher Bildungsprozesse diente seit langem das Disziplinarrecht: Es dient, wir haben den

* Wir schließen uns hier mithin Nicos Poulantzas an: »The problem of the Capitalistic State«, New Left Review 58 (1969), obwohl wir von Schule, Presse usw. in ruhigen Zeiten – mit Poulantzas' Kritiker Milliband – sagen würden, sie seien zwar an den Staat gekettet, aber eben nicht ›Teil des Staates‹, sondern des politischen Systems. Immerhin räumt Milliband ein, daß die genannten Institutionen »in steigendem Maße dem Prozeß der ›Verstaatlichung unterliegen«. – Vgl. zu dieser hochaktuellen Kontroverse: Kritische Justiz 2 1971, S. 201 ff.

** Wir schweigen von den ›Richtlinien für den ostkundlichen Unterricht‹.

*** Wir werden später darauf zurückkommen, vgl. S. 100 ff.

Disziplinarsenat des OVG für Nordrhein-Westfalen bereits einmal zitiert (S. 10), der »Reinhaltung und Erziehung der Beamtenschaft«. Der Obrigkeitsstaat alten Stils soll in der Pädagogischen Provinz überleben. Von wem, von was soll die Lehrerschaft ›reingehalten‹ werden? Hier wird ein Begriff aus der *Hygiene* benutzt, was sogleich den richtigen Schluß zu ziehen gestattet: von plebejischen, proletarischen (und radikaldemokratischen, auch kulturrevolutionären) Einflüssen. Das *Berufsverbot* (S. 10f.) soll die Volksschulen als Sozialisationsinstanz der Bourgeoisie für die Kinder der Arbeiterklasse sichern, und die Höheren Lehranstalten dazu anhalten, die Intelligenz des Volkes als Kopflanger (B. Brecht) herzurichten.*
Warum Restriktionen im Bereich der Bildungsprozesse von Bewußtsein? Nur in autoritär und hierarchisch gegliederten Bildungs-Einrichtungen mit eigenem Disziplinarrecht (das andere verfassungsgemäße Rechte des Bürgers suspendiert) und nur auf dem Wege über die Unmündigkeitserklärung der Lehrer (die zu beamtenmäßigem Verhalten »erzogen« werden müssen) und nur durch die gewaltförmig-legalistische Ausschaltung der revolutionären Intelligenz läßt sich jene Kontrolle über Lehrformen und Lehrinhalte optimieren, wie sie in geschichtlichen Epochen schwankender Klassenverhältnisse und aufbrechender emanzipativer Bewegungen für die defensive Verfestigung des herrschenden Systems benötigt wird.

3. Bislang ging die staatliche Praxis von der Voraussetzung aus, Lehrer – an den Bildungsprozessen von Bewußtsein zentral beteiligt – hätten in der Regel konservative Gesinnungen, oder würden Schulpraxis und Privatsphäre, die Lehre vor der Klasse und gedankliche Betätigung in der Freizeit, voneinander trennen. Mit dem Ausspielen jenes besonderen Gewaltverhältnisses, dem Beamten- und Disziplinarrecht, soll eine Trennung von Person und Amt auch dort hergestellt werden, wo noch keine Handhabe für ein Berufsverbot gegeben ist. Erst die materielle Gefährdung ihrer Existenz wird Lehrer (und Assistenten, Dozenten usw.) von der Naivität heilen, mit der sie ein paar Jahre lang meinten, ihre Erwerbssphäre mit dem durchtränken zu können, was ihnen als ›Menschen‹ aufging.

4. Die ›Grundsatzbeschlüsse‹ des Berufsverbots (Hamburger Senat, Konferenz der Länder-Ministerpräsidenten zur Frage der verfassungsfeindlichen Kräfte im öffentlichen Dienst) wollen das *subversive Element*, das vom kritischen Denken unabtrennbar ist, dem besonderen Gewaltverhältnis, der *Loyalität*, unterwerfen. Auch hier wird etwas ›rein‹ gehalten: nämlich eine Auffassung von dem, was gesellschaftlich und staatlich rechtens sein soll, und doch geschichtlich zumindest kontrovers bleibt, *von*

* Vgl. auch Anmerkung auf S. 112.

der Kontroverse. Wohlbemerkt: die ›innerstaatliche Feinderklärung‹ bezieht sich nicht nur auf Schule und Universität, sondern auch auf das Gebiet der Massenmedien (S. 25 ff.) und anderer kultureller Institutionen (S. 22 f.)*, und sie trifft notwendig nicht nur *eine* politische Gruppe oder Organisation: die DKP, die SDAJ, sozialistische Absichten, die sich außerhalb kommunistischer Parteien organisieren oder gerade *nicht* organisieren, ja annähernd jede radikale Kritik an der gesellschaftlichen Verfaßtheit der Bundesrepublik, das gilt ihr alles gleich.**
Die Restriktion im Bereich der Bildungsprozesse wäre, eine erste Schlußfolgerung, ihrem gesamten Duktus nach zunächst als *Gegen-Aufklärung* zu lesen, und auch das Scheitern der Bildungs- und Schul- oder Hochschulreform liegt in der Logik der Gegen-Aufklärung, sie scheitert nicht, sie wird nicht mehr gewollt.*** Das *»Berufsverbot«*, d. h. die Entfernung radikaler, sozialistischer, kommunistischer Köpfe aus den Bildungsprozessen von Bewußtsein wäre *ein* Moment von Gegen-Aufklärung, oder des Versuchs, die BRD mittels der Akzentuierung besonderer Gewaltverhältnisse (Beamtenrecht, Ordnungsrecht), sistierter Schul- und Hochschulreformen, restriktiver Medienpolitik und der Mobilisierung reaktionärer Bourgeoisie spanischen Verhältnissen anzunähern.**** Zu diesem Zwangssystem rechnen jedoch auch ›verhinderte Reformen‹: etwa im Gebiet des Sexualstrafrechts oder der Frage des § 218, die als sich beziehend auf einen bestimmten Zustand der *Familie* gelesen werden könnten, d. h. indirekt den Bestand der bürgerlichen Familie sichern sollen. Politisch haben wir diese ›Gegen-Aufklärung‹ als die Erklärung eines innerstaatlichen Feindverhältnisses auf dem Gebiet der ideologischen Kontroverse bezeichnet, oder den *Antikommunismus als das Konstruktionsprinzip herrschafts- und kapitalkonformer Bildungsprozesse von Bewußtsein.* Es ist leicht zu sehen, daß sich damit jedoch ein verdecktes Moment politischer Kanalisierung verbindet.

* Erstmals wurde im Vorjahre eine Volkshochschule, in Frankfurt, von der CDU diffamiert und angegriffen – und nur, weil sie ›linke‹ Tendenzen zeigte. Der Prozeß der ›Feinderklärung‹ und der ideologischen Restriktion ist vielleicht erst am Anfang.

** Der innerstaatliche Feind, durch dessen Negation der Staat sich selber als Souverän bestimmt, muß ja auf diesem Wege *hergestellt* werden; es ist immer etwas Sozialpsychologie und Nachrichtentechnik mit am Werke. (vgl. Kap. III)

*** Zur Frage nach dem Interesse einer progressiven Kapitalfraktion an der Verbesserung beruflicher Qualifikation vgl. S. 103.

**** Katholische Staatsphilosophen wie de Maistre und Donoso Cortes hätten das Bestehen auf ›Bildungsprozessen von Bewußtsein‹ über kritisches Denken, Diskussion usw. bereits als »revolutionär« verdammt. Katholische Philosophie hat im 19. Jahrhundert »den Gedanken ausgesprochen, daß eine große Alternative sich aufdrängt, die keine Vermittlung mehr zuläßt« (C. Schmitt)[2].

Jede Ablösung einer Regierung muß über parlamentarische Mehrheiten zustande kommen, und ausschließlich auf *diesem* Wege wäre, so die Verfassung der Bundesrepublik, die Einrichtung einer sozialistischen Gesellschaft möglich. Das Grundgesetz schließt ja sozialistische Ordnungen nicht etwa aus, es besteht nur auf der parlamentarischen Methode. Im Gegensatz zu den etablierten Parteien: CDU/CSU, F. D. P. und SPD haben kommunistische oder sozialistische Parteien nur geringe Chancen, über Wahlen die erforderliche Mehrheit zu erlangen.

Warum? Es gibt mehrere Gründe dafür, aber *einer* ist die Wirksamkeit von Denk-, Gefühls- und Affektgewohnheiten in zahlreichen Bevölkerungsschichten, die schon das bloße Verständnis für sozialistische Zielsetzungen erschweren. Anders formuliert: Ehe sozialistische Politik Bevölkerungs-Mehrheiten in einer kapitalistisch verfaßten Gesellschaft wie der unseren für sich gewinnen kann, bedarf es eines *Umlern*-Prozesses.

Ein zweiter Grund: Die Medien der Massenkommunikation werden in aller Regel von systemkonformen politischen und sozialen Intentionen beherrscht; bestehende Urteils- und Vorurteilsbereitschaften gegen die ›Linke‹ werden dadurch verstärkt. Die Frage, ob Sozialisten und Kommunisten usw. Einfluß auf Bildungsprozesse von Bewußtsein gewinnen, entscheidet daher mit über die scheinbar ganz andere Frage, ob und wann es ihnen gelingen wird, Bevölkerungsmehrheiten für sich zu gewinnen. Genauer: ob und wann es ihnen gelingen wird, so viele Stimmen für sich zu gewinnen, wie nötig, um eine wirksame Vertretung in Parlamenten und Kommunen zu erreichen. Durch Wahlwerbung im üblichen Sinne lassen sich nur systemkonforme Inhalte im Bewußtsein (oder in den handlungssteuernden Zentren) der Bevölkerung verankern, ›systemüberwindende‹ bedürfen breiterer und tieferer *Lernprozesse*. Der von der Verfassung dieses Landes vorgeschriebene ›friedliche Weg‹ zur gesellschaftlichen Veränderung, der Weg über das Parlament, kann von der ›Linken‹ nur dann mit Aussicht auf einigen Erfolg gegangen werden, wenn sie auf *allen* Ebenen der Bildungsprozesse von Bewußtsein größeres Verständnis und Offenheit für ihre politischen Ziele herstellt. Die Restriktion im Bereich der ideologischen Kontroverse will es der ›Linken‹ also zusätzlich erschweren, verfassungsgemäße Garantien politischer Veränderung wahrzunehmen. Auf die Frage: Wer will die ›Diktatur des Proletariats‹ als Bedingung gesellschaftlicher Umwälzung? kann man daher seit kurzem eine überraschende Antwort geben: Regierungsgewalt, staatstragende Parteien und reaktionäre Bourgeoisie in der Bundesrepublik.

In *Krisen-Situationen,* das lehrt die Geschichte der Volksbewegungen und der sozialen Revolution, kann es zu Lern- und Bildungsprozessen kommen, die sich jeder rechtlich-herrschaftlichen Regulierung entziehen. Diese Prozesse können die Verfassung einer ganzen Gesellschaft in den Bereich des Bedürfnisses nach Veränderung einbeziehen.

2. *Die außerökonomische Zwangsgewalt*

»Die Entscheidung macht sich frei von jeder normativen Gebundenheit und wird im eigentlichen Sinne absolut. Im Ausnahmefall suspendiert der Staat das Recht, kraft eines Selbsterhaltungsrechtes, wie man sagt. Die zwei Elemente des Begriffes »Rechts-Ordnung« treten hier einander gegenüber und beweisen ihre begriffliche Selbständigkeit.«

Carl Schmitt[2]

Die BRD hat, so unsere These, erst in einer Art von *Vorlauf* Institutionen des ›Ausnahmefalls‹ und der Unterdrückung geschaffen, denen der Feind, der in ihnen geschlagen werden soll, zur Zeit ihrer Einrichtung öffentlich noch fehlte, und hat in einem zweiten Schritt durch das Setzen eines (absoluten) *inneren Feindes* »an eine der verhängnisvollsten Tendenzen der deutschen politischen Geschichte ... an(geknüpft) – die ›Legalisierung‹ des Übergangs in die permanente Diktatur.«[3] Daß der Staat sich als politische Einheit und als souverän in seinem Entscheidungs- und Gewaltmonopol durch das Setzen dieses ›inneren Feindes‹ bestimmen will*, wäre also zu ergänzen dadurch, daß in der mehr oder weniger offen ausgesprochenen Formel vom absoluten Gegensatz des Staats *zu* diesem Feind und angesichts funktionierender Apparate außerökonomischer Zwangsgewalt die soziale Ordnung des Landes, der ›soziale Friede‹ künftig auf *Gewaltförmigkeit* beruhen soll.

1. Vor Jahren wurde, im Zuge des Aufbaus von Zwangsgewalt, der Feind entweder simuliert oder simuliert und getarnt.

Der ›Störer‹. Zeitig wurde eine Verschränkung des ›Politischen‹ mit dem ›Kriminellen‹ erkennbar – ablesbar am ›Bürgerkriegsbild‹ der deutschen Polizei.** Als ›Gegner‹ erschien, wie schon gelegentlich im Nationalsozialismus, der einzelne oder in Gruppen agierende *Störer*, »eine Mischung aus kommunistischem Agenten, Pathologen und Kriminellen.«*** Die propagandistische Zurichtung linker Studenten als ›Störer‹, Prozesse gegen Teufel, Kunzelmann u. a. und schließlich die Zerschlagung des ›Sozialistischen Patientenkollektivs Heidelberg‹ (SPK) haben in der Öffentlichkeit wesentlich die innerstaatliche Feinderklärung mit getragen. Allerdings hat der Bundesgrenzschutz schon im

* Vgl. S. 45.
** E. Grimmel, Partisanen im Schwarzwald?, Bremen 1964; Taschenbuch für Wehrfragen, Frankfurt a. M., 1966/67.
*** a.a.O.

Herbst 1965 die Auflösung von *Streiks* geübt, was sich nur gegen die Gefahr einer radikalisierten Arbeiterschaft, nicht gegen ›Störer‹ richten kann (siehe unten, 3).
Bürgerkriegsübung. Die Polizeimanöver »Soonwald« vom Frühjahr 1966*, an denen Bereitschaftspolizei und Einheiten des Bundesgrenzschutzes teilnahmen, waren, gemessen an den eingesetzten Waffen, eine *Bürgerkriegsübung,* »wurden aber als rein polizeiliche Jagd auf eine Verbrecherbande ausgewiesen«. Ähnlich die »Übung Süd« (Hessen, Bayern, Württemberg-Baden; Polizei und Bundesgrenzschutz) – auch hier wurde von der ›Verfolgung einer Verbrecherbande‹ unter sonst typisch bürgerkriegsmäßigem Aufwand gesprochen.

›Die Zeit‹ schrieb am 9. 6. 1967 anläßlich der Polizeiaktionen beim Besuch des Schah in der BRD: »Neun Tage lang demonstrierten über 10 000 Mann der Schutz-, Kriminal-, Landes- und Bereitschaftspolizei, dazu die Sicherungsgruppe Bonn (sic) des Bundeskriminalamts ... Das Polizei-Register der Schutzmaßnahmen glich einer Einsatzbilanz im Bürgerkrieg.«**

Seit Herbst 1970 kristallisieren sich bürgerkriegsartige Übungen und Einsätze an der Verfolgung der ›Baader-Meinhof-Bande‹. Um über den Typus des ›Störers‹, wie wir ihn oben zitierend skizziert haben, hinauszugelangen, mußten kommunikationsstrategisch erhebliche Anstrengungen zu dem Zwecke unternommen werden, um um die RAF herum ein ›Linkskartell‹ zu konstruieren: zum Teil durch Verankerung der Fahndung an der sogenannten Sympathisanten-Szene, zum Teil durch Verknüpfung der RAF mit DKP, SEW, linken Studentengruppen, der Bremer Universität, mit liberalen Intellektuellen wie H. Böll u. a. Die Fahndungshysterie diente nach unserer Meinung auch der Vorbereitung einer Legalisierung der polizeiartigen Verwendung des Bundesgrenzschutzes, die – siehe oben – schon seit längerem praktiziert wird.
2. Erst in diesem Zusammenhange kann richtig beurteilt werden, was die *Notstandsgesetzgebung* durch die Auflockerung rechtsstaatlicher Garantien zugunsten einer Militarisierung von Politik für die Lage der Bundesrepublik und für die Entfaltung künftiger Konfliktlösungs- und Herrschaftsstile bedeutet. Wir beschränken uns im folgenden auf lediglich zwei wesentliche Momente der Notstandsgesetzgebung.*** Die Frage, wann ein

* Wir folgen hier mehreren Autoren, vor allem A. Göschel, Die Polizei als Dienstleistungsbetrieb. In: atomzeitalter 12/67 und 1-2/68, E. V. A., Frankf.
** Mit einem ›Gegner‹, der vorher durch die Verbreitung von unzutreffenden Attentatsgerüchten vorlaufend kriminalisiert worden war.
*** Wir lehnen uns dabei eng an die folgenden Quellen an: »Notstandsentwurf ›67‹«. Text und Kritik. IG Metall für die BRD, Frankfurt a. M.; H. Hannover, Notstandsverfassung ... und O. E. Kempen, Notstandsverfassung ... In: Bl.f. deutsche u. internat. Politik, 6 1968; außerdem auf Arbeiten von J. Seifert.

Not- oder Ausnahmezustand eintritt (d. h. die Feststellung über die »Herstellung der erhöhten Verteidigungsbereitschaft« oder des Notstands zum »Schutz der Zivilbevölkerung«) liegt im subjektiven Ermessen der Bundesregierung und des sog. ›Gemeinsamen Ausschusses‹; nicht nur ist diese Feststellung rechtlich nicht nachprüfbar, auch die Informationen können unkontrollierbaren Quellen (z. B. Verfassungsschutz, MAD, Politische Polizei) entstammen. *Ist* der Notstandsfall eingetreten, kann die *Bundeswehr* im Inneren des Landes eingesetzt werden.
Hierzu hat die Industriegewerkschaft Metall zweierlei angemerkt: Der Einsatz der Bundeswehr im Inneren müsse geplant, vorbereitet und in Übungen erprobt werden – dies spiele ihr schon innenpolitische Macht zu. Wir ergänzen: und sie (die Bundeswehr) wird bereits in Auseinandersetzungen mit dem ›inneren Feind‹, den »Linken«, Studenten, Lehrern usw. eingeübt. IG Metall: Der eigentliche interessante Fall für den Einsatz der Bundeswehr im Inneren sei doch die Bekämpfung eines bewaffneten Aufstandes. Ein bewaffneter Aufstand könne aber am ehesten von demjenigen Teil der Bevölkerung ausgehen, der bereits bewaffnet sei, also von den Streitkräften. Sie, die IG Metall, erinnert in diesem Zusammenhange an General von Seeckt, der dem Reichspräsidenten Ebert (SPD) anläßlich des Kapp-Putsches 1920 erklärte: »Reichswehr schießt nicht auf Reichswehr«. So könnten eines Tages auch Generale der Bundeswehr erklären: »Bundeswehr schießt nicht auf Bundeswehr«. K. H. Roth[4] hat 1970 darauf aufmerksam gemacht, daß die »Psychologische Kampfführung« der Bundeswehr in einer Art von Zangenbewegung die Richtung auf den *äußeren Feind* (DDR usw.) mit einer Diversion *nach innen* (Studenten, Kommunisten) längst schon verbindet.
Die IG Metall schrieb 1967, »Gründe dafür, daß sich ... die innen- oder außenpolitische Lage der BRD derart geändert hätte, daß nunmehr der Einsatz (der Bundeswehr) im Inneren ermöglicht werden müßte, werden von der Bundesregierung ... nicht genannt. Sie sind auch offensichtlich nicht vorhanden.« Es handelte sich eben in der Tat um einen *vorlaufenden* Ausbau eines Unterdrückungs-Apparates, für den der innere Feind erst *erklärt* werden mußte. Sehr interessant ist im Zusammenhange unserer Analyse jedoch die Gestalt, die das Schutzrecht für Arbeitskämpfe in den Notstandsgesetzen angenommen hat; hierin zeichnen sich die Konturen eines ›erwarteten Feindes‹ ab, von dem niemand öffentlich spricht: der Arbeiterklasse. Nicht *jeder* Streik nämlich, nicht jede kollektive Arbeitsniederlegung also kommt in den Genuß einer Schutzklausel der Notstandsgesetzgebung: nur der ›rechtmäßige‹ oder ›legitime‹ Streik ist geschützt. Der frühere Bundesinnenminister Höcherl sprach, eine

zweite Sybille, vom »legitimen arbeitsrechtlichen Streik im Sinne des Bundesarbeitsgerichtes«. Nun folgte die Rechtsprechung des Bundesarbeitsgerichtes bislang Nipperdey, der nur den ›sozial-adaequaten Streik für nicht widerrechtlich‹ erklärt. »Die Frage«, so Nipperdey, »unter welchen Voraussetzungen ein Arbeitskampf sozialadäquat ist, ist nach der geschichtlich gewordenen sozial-ethischen Ordnung des Gemeinschaftslebens, besonders des Arbeitslebens, zu beurteilen.«* Was wiederum bedeutet diese katholische Formulierung? Kollektive Arbeitsniederlegungen gelten nur dann als legitim (und damit als schutzfähig), wenn sie »zur Wahrung und Förderung der Arbeits- und Wirtschaftsbedingungen geführt werden« und »gewerkschaftlich genehmigt« sind.** Was bedeutet: ›Wahrung und Förderung der Arbeits- und Wirtschaftsbedingungen‹? Wer trifft im Streitfalle die Entscheidung? Wir wollen uns bei der notfalls ungemeinen Dehnbarkeit der skizzierten Definitionen nicht aufhalten und nur anmerken, daß jedenfalls im Falle des Notstands oder Ausnahmezustands die *Regierungsgewalt* entscheidet; »der Souverän«, der Staat, »hat das Monopol dieser letzten Entscheidung« (C. Schmitt).[5]***
IG Metall: Im Falle eines Arbeitskampfes, auch in Friedens- und Normalzeiten, können Ermächtigungen zur Unterdrückung von Streiks »unter Behauptung eines Verteidigungszweckes« mißbräuchlich angewandt werden. *Politische Streiks* sind auf jeden Fall verfassungsmäßig von Schutzklauseln usw. ausgeschlossen, sie sind schon im Normalfalle unzulässig – auch wenn sie sich gegen einen arbeitnehmerfeindlichen Gebrauch von Notstandsgesetzen richten würden.
Das am 14. 9. 1971 vom Bundeskabinett vorgelegte Bundesgrenzschutzgesetz stellt unseres Erachtens eine *neue* Verschärfung der Situation dar: der BGS soll zu Polizeifunktionen schon *unterhalb* der Notstandsschwelle einsetzbar sein. Der Feind? Wie man hörte, hat der BGS in letzter Zeit Manöver wie das folgende durchgeprobt: Befreiung einer ›von feindlichen Fallschirmjägern‹ besetzten Fabrik. Fallschirmjäger? Man muß sich vor Augen halten, daß der Bundesverband der Deutschen Industrie (BDI) bei der NATO-Stabsrahmenübung *Fallex 66* auf Einladung des Bundesministeriums für Verteidigung mit einer Delegation beteiligt war; und zu welchem Zweck? Nach einer Mitteilung des BDI wurden »neben Grundsatzfragen vor allem die . . . Möglichkeiten der Umstellung und Fortführung der Pro-

* Hueck-Nipperdey, Lehrbuch des Arbeitsrechts, 6. Aufl., Berlin und Frankfurt 1955, S. 641.

** H. Hannover, a.a.O.

*** Im Ausnahmefall, fährt C. Schmitt weiter fort, beweist die Autorität, »daß sie, um Recht zu schaffen, nicht Recht zu haben braucht.«[5]

duktion, der Verlagerung, der Instandsetzung, des Verkehrs, des Arbeitskräftepotentials sowie der Sabotage und Sicherheit in Betrieben erörtert«. Die Schlußbemerkung: »Es zeigte sich die Notwendigkeit einer künftigen engeren Zusammenarbeit zwischen militärischer Führung, Verwaltung und Wirtschaft, wenn diese auf uns zukommenden Aufgaben sinnvoll gelöst werden sollen.« *Nicht* eigens mitgeteilt wurde, daß Problemlösungen gegen Streiks und Demonstrationen der Übung als ›Kriegsbild‹ zugrunde gelegen haben. K. Kullmann hat 1969 daran erinnert[6], daß das Notstandsrecht von Anfang an die Bundesregierung in die Lage versetzen sollte, gegen streikende Arbeiter und Angestellte wirksam vorgehen zu können – dies war eine zentrale Forderung der Bundesregierung an die Alliierten bei der Abfassung der Pariser Verträge 1954.*

3. Nur im Vorübergehen erwähnen wir, daß *eines* der Instrumente der Repression, die Politische Justiz, gegen andere Strafverfahren dort kaum noch abgrenzbar ist, wo negative Sanktionen sich gegen ›Linke‹ richten: eingeübt und deutlich geworden schon in den vielen Demonstranten-Prozessen der Jahre 1967–1969, in denen der politische Gehalt studentischer Aktivität schlicht forensisch liquidiert worden war. Von weit größerer Bedeutung ist vielmehr, was O. Negt unlängst, am Beispiel der USA, als die Tendenz zur inneren Kriminalisierung des Rechts bezeichnet hat.[7] Dazu gehört, daß prozessuale Regeln allenthalben verletzt und Verfahrensvorschriften nicht mehr strikt eingehalten werden; die »Gerichtsverhandlungen haben vielfach nur noch die Funktion einer Legitimationsfassade für die in der Öffentlichkeit bereits Verurteilten«. Die »Verschiebung der Verurteilung in vorprozessuale Bereiche«, nämlich in die Öffentlichkeit und in den Polizeiapparat, wird auch in der BRD allenthalben beobachtet – namentlich im Zusammenhang mit der Fahndung nach der Baader-Meinhof-Gruppe, dem Ruhland-Prozeß in Düsseldorf oder bei Verfahren gegen sozialistische Studenten. Auch in unserem Lande sind Vorweg-Verurteilungen durch Minister und Senatoren häufig geworden (und nicht nur durch die Springer-Presse). Die rechtliche Sprache im Verfahren und in öffentlichen Verlautbarungen der Justiz dient der legalistischen Tarnung der Verfolgungsmaßnahme gegen Linke. Sie dient dazu, diese Verfolgungsmaßnahme recht lange in der Öffentlichkeit als rechtsstaatlich darstellen zu können; sie dient dazu, den Widerstand der Linken und den Widerspruch der liberalen Öffentlichkeit durch den Anschein formell rechtlich einwandfreier Verfahren zu verhindern. Sie soll auf diese Weise und im Zusammenhang mit der Jagd auf die RAF, im Zusammenhang mit den Hetzkampagnen gegen bereits tätige und künftige linksori-

* Vgl. ›Die Gegenwart‹, 216 und 220 (1954).

entierte Hochschullehrer und Lehrer, im Zusammenhang mit der Behinderung der Verteidigungsrechte politischer Gefangener, im Zusammenhang mit der vorweggenommenen Vergeltung in der Behandlung politischer Untersuchungsgefangener (vgl. S. 34 f.) die Öffentlichkeit auf die Behandlung linksorientierter Gruppen als Feinde und ihre schließliche gewalttätige Ausschaltung vorbereiten.

Unvergessen blieb für uns eine Meldung der ›Frankfurter Rundschau‹ vom 13. 12. 1966, die, soweit wir wissen, niemals wirklich dementiert worden ist: Danach sind in fünf westlichen Hauptstädten die deutschen Botschaften am 18. 11. 1966 angewiesen worden festzustellen, ob in ihren Gastländern gesetzliche Grundlagen zur Einrichtung von Internierungslagern »bestehen oder in kurzer Zeit erlassen werden können«. Die fünf westdeutschen Diplomaten wurden um »sehr diskrete Behandlung der Angelegenheit« ersucht, insbesondere bei der Befragung der »zuständigen Stellen des Gastlandes«. Laut AP erklärte das Innenministerium dazu, die Anfrage an die Botschaften habe nur den Zweck, sich ein vollständiges Bild über entsprechende (!) Notstandsregelungen in anderen Ländern zu verschaffen.

4. Wir müssen schließlich an die Verschärfung des *Haftrechts* erinnern, die in jüngster Zeit namentlich von CDU und CSU gefordert und auch von großen Teilen der SPD befürwortet wird. Der Gesetzentwurf der beiden Parteien, im Herbst vorigen Jahres eingebracht, sah Verschärfungen des Rechts der Untersuchungshaft ›für Serien- und Hangtäter‹ vor, wobei der Katalog der gemeinten Straftatbestände deutlich macht, daß er auf jenen vagen, schwer definierbaren sozialen Prozeß antwortet, den wir auf S. 46 als das »Nachlassen bestimmter Massenloyalitäten« bezeichnet haben.*

Die (Rechts-) Norm, so wieder C. Schmitt, braucht ein »homogenes Medium«, eine »faktische Normalität« (der gesellschaftlichen Verhältnisse), die »Ordnung muß hergestellt sein, damit die Rechtsordnung einen Sinn hat«. Wenn das reflexartige Unterwerfungsverhalten der Bevölkerung unter Gesetze und sittliche Normen sich abschwächt, die Kriminalität also steigt, läßt es sich der Staat gleichsam etwas kosten, die *Ursachen* für solche Abschwächungen bestehen zu lassen und die Folgen *repressiv* zu beantworten. Er zieht es vor, sich auf dem Wege über sein Gewaltmonopol als Ordnungsmacht absolut zu setzen, statt den Ursachen steigender Kriminalität nachzugehen und ihnen abzuhelfen.

Allerdings enthält der Katalog der CDU/CSU auch politische Straftatbestände: neben ›verfassungsfeindlicher Sabotage‹ (?)

* Auf diese bedeutsamen, oft vernachlässigten Prozesse werden wir im Kap. IV ausführlich eingehen.

und Landfriedensbruch (!) auch die Bildung krimineller Vereinigungen wie sie ›von radikalisierten Terrorgruppen aus politischen Motiven heraus zu erwarten sei‹.* Landfriedensbruch, das ist nach dem Willen dieser Gesetzgeber schon jede (nicht genehmigte) Demonstration oder begrenzte Regelverletzung.
Fassen wir zusammen: Der Staat will sich als politische Einheit und als souverän in seinem Gewaltmonopol bestimmen, indem er *die Linke* als den absoluten Feind setzt; als *den* Feind, von dessen Ausschaltung seine eigene Souveränität herrührt. Die innerstaatliche Feinderklärung soll dabei in einer Zangenbewegung – durch Unterdrückung im Bereich der Bildungsprozesse von Bewußtsein und der ideologischen Kontroverse, durch die Konstruktion wirksamer Apparate und Systeme außerökonomischer Zwangsgewalt – jede Fundamental-Opposition kriminalisieren und sich abschwächende Massenloyalitäten durch Repression wieder befestigen (oder bereichsweise, durch Zwang, substituieren). Im Hintergrund, aus der Geschichte der im Vorlauf geschaffenen Einrichtungen gewaltförmiger Repression undeutlich hervortretend, zeigt sich jedoch das Gesicht eines ganz anderen potentiellen Staatsfeinds: der Arbeiterklasse. Wir folgen J. Agnoli auf dem Weg von einer mehr typologischen Betrachtung zur gesellschaftlich-genetischen Analyse und sehen in den Restriktionen im Bereich der Bildung von Bewußtsein ein altes Ziel der »sozialen Befriedigung« im Klassenstaat hervorbrechen – das Ziel, *»die Frage nach den Produktionsverhältnissen aus dem Bewußtsein zu verdrängen«*[8]; im Aufbau von Apparaten der Repression die Vorsorge gegen den *»Ausbruchsversuch der Massen«*. »Für Ordnung sorgen« heißt, »die Integration ... mit den Mitteln der Gewalt wiederherzustellen. Der Staat, der für Ruhe und Ordnung sorgt, offenbart den wirklichen Zweck der ... Integrationswirkung des friedenstiftenden Staates, und den wirklichen Charakter seiner freiheitlich-demokratischen Einrichtungen«.

Exkurs: Tendenz oder Tatsache? – Wir müssen nun nach dem Grade der Deckung von empirischer Realität und dem Programm (oder Typus) der ›innerstaatlichen Feinderklärung‹ fragen.** Anknüpfend an J. Agnoli: der ›Ausbruchsversuch der Massen‹ findet noch nicht wirklich statt, also auch noch nicht die volle ›Friedensstiftung‹. Der Vergleich mit den Prozessen gegen Mitglieder (oder vermeintliche Mitglieder) der KPD nach dem Verbot aus dem Jahre 1956 würde zeigen, daß unsere Behauptung: nun würden wir materiell auch betroffen (S. 7) ein Moment von Wehleidigkeit enthielte, sähen wir nicht zugleich

* So Fr. Vogel, MdB (CDU) im ›Rheinischen Merkur‹ vom 11. 2. 1972.
** Vgl. S. 46.

die quantitative und qualitative Differenz in der Verfolgung von damals und von heute. H. M. Enzensberger hat in seiner Nürnberger Rede von 1967[9] nicht nur auf die Fortdauer von tendenziell terroristischen Urteilen gegen Kommunisten bis in seine Gegenwart hinein berichtet, und auf das Maß an wirtschaftlichem und psychischem Elend hingewiesen, das z. T. Menschen traf, die bereits im ›Dritten Reich‹ zu den Verfolgten (des Naziregimes) gehört hatten, sondern allerdings auch auf einen damals spürbar werdenden *Wandel* in der Zielgruppe politischer Justiz. Er bezieht sich auf Verfahren gegen Studenten: Dieter Kunzelmann, Klaus Gilgenmann, Wulf Krause, Fritz Teufel, u. a. »Auf diesen inneren Feind schießt sich die Justiz jetzt ein ... Außerparlamentarische Opposition, das heißt heute in Deutschland aber: Opposition schlechthin, wird kriminalisiert.« »Manchmal, ja häufig kommt der Angeklagte ›mit dem Schrekken davon‹ ... Dieser Schrecken heißt auf lateinisch *terror;* er soll zermürben, abschrecken, Denkzettel austeilen; er gehört zur Strategie der politischen Justiz in Deutschland. Es ist eine Strategie der Angst«. Inwieweit ist auch die ›innerstaatliche Feinderklärung‹ noch *Strategie der Angst,* veranstaltet wegen des generalpräventiven Effekts von Verunsicherung und Sorge?
Die Erschießung Georg v. Rauchs, das wahnsinnige Urteil gegen seinen Bruder – 12 Jahre Gefängnis hatte der Staatsanwalt beantragt, aber noch die wesentlich niedrigere Strafe von 2½ Jahren spricht für unangemessene Härte; die neueren Verurteilungen von Fritz Teufel und D. Kunzelmann, die Haftbedingungen für M. Berberich, M. Schiller, M. Grashoff und andere, die schon älteren Zivilverfahren gegen H.-J. Krahl und G. Amendt (DM 71 000,–) sprechen von wachsender Unerbittlichkeit in der Auslöschung einer Fundamental-Opposition. Und dennoch ist die ›innerstaatliche Feinderklärung‹ – vorläufig – mit den Verfolgungsmaßnahmen gegen Kommunisten nach 1956 nicht zu vergleichen: was wir beschrieben, ist *Tendenz,* nicht *Tatsache,* ist Programm, aber noch nicht voll produziert. Unter diesem Aspekt hat M. Vester[10] nicht ganz unrecht, wenn er einiges von dem, was wir an reaktionärer Offensive beschrieben haben, als ›Folklore der politischen Machteliten‹ bezeichnet. Wir sind skeptischer als er; darin aber, daß nach seiner Meinung die Linke nicht einfach die Kräfte-Einschätzung des Gegners übernehmen soll, darin stimmen wir ihm zu. Denn die Fahndung nach der Baader-Meinhof-Gruppe z. B. scheint zu belegen, daß der Apparat außerökonomischer Zwangsgewalt sich noch immer *in statu nascendi* befindet und Differenzen zwischen den verschiedenen beteiligten Institutionen (Polizei, Innenminister der Länder und des Bundes, Verfassungsschutz, Justizministerien, Sicherungsgruppe Bonn samt Bundesanwaltschaft usw.) den im Vorlauf

geschaffenen Repressions-Apparat noch immer schwächen. Gleichwohl können aus der Schlichtung dieser Differenzen aus aktuellem Verfolgunganlaß neue, handlichere, besser koordinierte Verfolgungsinstrumente hervorgehen.

Es sei ferner daran erinnert, daß das *Berufsverbot* (S. 7) vorerst relativ wenige Personen getroffen hat; es wirkt vorläufig als ein Instrument des Terrors im Sinne von H. M. Enzensberger, nämlich zur Verbreitung von Angst. Auch wenn einzelne Wissenschaftler und Professoren keine Chance mehr haben, in Verwaltung und Justiz eine angemessene, d. h. den Prinzipien der Rechtsstaatlichkeit und der Demokratie entsprechende Behandlung zu finden, so bleibt dies – bei aller denkbaren Härte für den Einzelfall – noch immer mehr oder weniger eine Bekundung von bornierter Provinzialität.* Dennoch sehen wir in diesen Einschränkungen unserer These von der ›innerstaatlichen Feinderklärung‹ keinerlei Grund, von ihrer *tendenziellen* Richtigkeit abzugehen. Rom wurde nicht an einem Tage erbaut, aber es wird auch nicht an einem Tage zerstört. Nicht schon vom ersten Tage an wird die bereits erkennbare Härte des Klassenkampfs empirisches Faktum für viele. Auch ein Weg von 1000 Meilen beginnt mit dem ersten Schritt – dieser ›erste Schritt‹ auf dem Wege zu spanischen Zuständen ist in unserem Lande aber längst getan.

Die *Verteidiger* von Gegenaufklärung und außerökonomischer Zwangsgewalt, die in allen staatstragenden Parteien zu finden sind, werden jetzt sagen: »Ja, aber *ihr* habt angefangen.« – Wir könnten entgegnen: Nein, angefangen habt *ihr*, nämlich indem ihr nichts oder fast nichts angefangen habt, was nötige und geschichtsangemessene Veränderungen des gesellschaftlichen Lebens nach 1945 hätte einleiten können. Ihr habt getan oder tun lassen, was geschichtlichen Wandel geradezu verhinderte.

»Aber«, so sagen die Verteidiger des spanischen Wegs, »ihr haltet euch nicht an unsere Verfassung, ihr predigt Gewalt, ihr beruft euch auf Gewalt«. Wir könnten antworten, daß gerade die Tötungs*hemmung* eher den Sozialisten auszeichnet denn den Faschisten – doch was soll man ernsthaft zu Leuten sagen, die Gewalt und Unrecht gar nicht abschaffen, sondern es monopolisieren wollen – wie der Staat in Österreich Salz und Tabak?

»Wir beschützen die Demokratie«, erklären darauf die kapitolinischen Gänse, »wir wollen kein *zweites Weimar*, euresgleichen hat Weimar zugrunde gerichtet«. Sie vergessen, daß Weimar nicht zuletzt an der Übernahme eines Verwaltungs-, Justiz- und Professoren-Apparats zugrunde gegangen ist, dessen republik-

* Sehr deutlich angemerkt vom französischen Politologen A. Grosser in der Diskussion im III. Programm des NDR/SFB vom 29. 2. 1972 zur Frage des ›Berufs- und Berufungsverbots‹.

feindliche Haltung zu großen Anteilen aus den Jahren der Monarchie stammte – wir würden sie damit daran erinnern, daß auch die Bundesrepublik große Anteile des NS-Apparats in Bürokratie und Verwaltung, in Polizei und Verfassungsschutz übernommen hat*, und daß, wie in Weimar, auch in der BRD nationalsozialistische, krypto-faschistische und reaktionäre Lehrer ungestört die Jugend dieses Landes indoktrinieren konnten; keine kapitolinische Gans hat sich geregt.

Das wollen sie nicht hören. »Aber wir verteidigen die parlamentarische Demokratie in einem geteilten Land, wir grenzen an die ›DDR‹«. Nun, wir meinen, daß es neben dieser ›Teilung der Nation‹ eine andere gibt, die *Klassen*teilung, von der das Wiedervereinigungsgeschrei nur ablenken soll; wir sehen nicht ein, was die DDR mit der Unfähigkeit dieser Demokratie zu tun hat, in der europäischen Diskussion über ›Kapitalismus oder Sozialismus‹ eine auch nur theoretisch bedeutsame Rolle zu spielen; wir denken im übrigen nicht daran, etwaige Differenzen zwischen uns und der DDR zu verschweigen, wir denken aber auch nicht daran, sie gegenwärtig vor Ohren zu erörtern, die nur den Gestus des Denunzianten kennen. Und: Verteidigung gegen die DDR – was wollen sie eigentlich wirklich? Lieber tot sein als ›rot‹? Regel war doch bisher, daß die UdSSR beispielsweise Objekt von Angriffen aus dem Westen war. Oder möchte man die Resultate des verlorenen Krieges nachträglich korrigieren? Die Überlebensrate der politischen und ökonomischen *Macher* im Lande wäre im Kriegsfall hoch. Gilt das auch für die Millionen von *Bürgern* dieses Staats?

* Siehe unsere Anmerkung auf Seite 112 f. (Fall Schrübbers).

III. Zur politischen Psychologie der innerstaatlichen Feinderklärung

Die innerstaatliche Feinderklärung kann auf propagandistische Vorbereitung und Begleitung nicht verzichten. Das Problem der propagandistischen Präparierung der Feinderklärung ist die Sichtbarmachung und Identifikation – Identifikation durchaus auch im kriminaltechnischen Sinne des Steckbriefs und im Sinne von identity card – des Feindes, die Versinnlichung der Teilpopulation, die ausgegrenzt und ausgebürgert werden soll. Warum ist die Sichtbarmachung heute ein zentrales Problem der propagandistischen Begleitung von sozialer Ausgrenzung? Der Blick auf drei Teilpopulationen, die einer Art Feinderklärung unterworfen wurden, soll die Erklärung einleiten: auf die Juden unterm Hitler-Faschismus, auf Kommunisten in der Rekonstruktionsphase des westdeutschen Kapitals, auf die »Studenten« der Jahre 66-68 in der sich wieder einspielenden Labilisierung des Kapitals.

Die »rassische« Sichtbarmachung der Juden als Juden stellte für den Hitler-Faschismus insofern kein Problem dar, als die Tradition des europäischen Antisemitismus die soziale Wahrnehmung bereits hinreichend strukturiert und präformiert hatte. Es brauchte nur noch die Feinderklärung als solche, wie sie in »Mein Kampf« formuliert wurde, hinzuzutreten, d. h. einigen Attributen zur Kategorisierung von Personen, die bereits eingeübt und trainiert waren, brauchten nur noch einige neue hinzugefügt zu werden. (Wir müssen nicht eigens anmerken, daß »Attribut« hier nicht ein anthropologisches Merkmal oder eine dingliche Eigenschaft ist, sondern eine soziale Relation. Vgl. weiter unten.) Zwar konnte sich die Versinnlichung des Feindes auf eine lange Tradition präformierter Wahrnehmung stützen. Diese Wahrnehmung »saß« aber noch nicht genau »auf«. Zur zweifelsfreien Identifikation bedurfte es noch weiterer »Feinabstimmungen« und äußerer Kennzeichnungen. Das stereotypisierte Erscheinungsbild des Juden wich von der Realität ab, war ein Gedankending:

»Die in der Vorurteilsforschung eingehend untersuchte Strategie der Aufgliederung einer Population in eine kompakte *Majorität* ... und in eine ebenso kompakte *Minorität* ... bedarf ... der *äußeren Kennzeichnung* der diskriminierten ›Minderheit‹ ... In den Rassenvorurteilen etwa der Vereinigten Staaten oder der Südafrikanischen Republik liefert die Hautfarbe der diskriminierten Sozialgruppe das kennzeichnende äußere Merkmal naturwüchsig. Der Nationalsozialismus bedurfte der Einführung des gelben Judensterns; nicht zuletzt deshalb, weil zu viele Juden äußerlich von arischen Personen nicht zu unterscheiden waren oder weil andererseits schwarze Haare und Brille zum

Judenverdacht führen konnten. Daß Karikaturen und Texte über die Berliner Studierenden *Bart* und lange *Haare* nicht selten auch die randlose Brille und lässige Kleidung, stereotyp als Erkennungsdatum der feindselig betrachteten Minderheit einführten, ist im systematischen Zusammenhang der Vorurteilsbildung bedeutungsgleich mit der Einführung des Judensterns.«*

Das Pogrom schlummerte schon immer unter der Decke bürgerlicher Wohlanständigkeit. Die pseudo-biologische, eigentlich rassistische Ausgrenzung über Verwandtschaftsbeziehungen und Abstammungen (»Nürnberger Gesetze«) aber gehörte schon nicht mehr zum Akt der Feinderklärung, sondern war seine Konsequenz: die bürokratische Vorbereitung der industrialisierten Vernichtung. Ebenso verwies der doch so offen »sichtbar« machende gelbe Stern auf »mehr« als die Einübung der Wahrnehmung und die Auslösung von Handlungsbereitschaften, auf »mehr« als die Diskriminierung und symbolische Ausbürgerung. Einen verstärkenden und bestätigenden Effekt für Wahrnehmung und Handlungsbereitschaft hat er mit Sicherheit gehabt. Wichtiger aber war vielleicht, daß die zynische und terroristische Übertreibung der Sichtbarmachung für die Herrschenden die Funktion einer Rückmeldung über Grad und Ausmaß von Wahrnehmungspräformation und Handlungsbereitschaft und das Niveau der staatserhaltenden Inhumanität hatte: wurden keine Anzeichen von Widerstand oder auch nur Abscheu erkennbar, konnte man eskalieren. Die zynische Sichtbarmachung hielt die Betroffenen überdies zur Identifikation mit ihrer Rolle an, die zur Täuschung über das tatsächliche Ausmaß ihrer Gefährdung führen mußte, was wiederum Vorbedingung des reibungslos industrialisierten Mords wurde. Der Augenschein des größten Vernichtungslagers Auschwitz/Birkenau belehrt noch heute darüber. Damals war die Feinderklärung gegen eine assimilierte und integrierte, jedenfalls assimilations- und integrationsbereite Teilpopulation gerichtet – heute gelten die Ausgrenzungsstrategien einer Gruppe, die Desintegrationserscheinungen als gesellschaftliche Widersprüche auf dem Hintergrund rationaler Kapitalismuskritik begreift, sie zum politischen Organisationsmotiv und -inhalt macht und bereichsweise sogar aktiv unterstützt (vgl. Kap. 3). Ein anderer Grad von Passivität bzw. Aktivität der Zielgruppe sowie hinzutretende politische Selbstwahrnehmung und -interpretation verbunden mit politischen Aktionsvorstellungen erzwingen andere Methoden der Versinnlichung des Feindes.

Diese Verfolgungen des »Dritten Reiches« sind der Erfahrungshintergrund ei-

* P. Brückner, Springerpresse und Volksverhetzung, ›Kritische Justiz‹ 4/1969, S. 343. Wir möchten darauf hinweisen, daß im Zitat gesagt wird, daß nur »im systematischen Zusammenhang der Vorurteilsbildung« Bart, Brille etc. und Judenstern »bedeutungsgleich« sind. Zur Differenz der Kennzeichnungen und der Gekennzeichneten s. das Folgende.

ner kritischen Soziologie, die sich vorzüglich mit der Vorurteilsbildung, der Entwicklung von Sozialstereotypien und mit der sozialen Minoritätenproblematik befaßte. Ihr Interesse war, das Undenkbare, weil Irrationale, wenigstens zu erklären und in therapeutischer Absicht durchzuarbeiten. Diese Soziologie war angesichts dieser Fragen bis aufs äußerste sensibilisiert. Ob diese spezifische Sensibilität und ihre analytisch-kategoriale Artikulation allerdings heute, im Zeichen veränderter psychischer Verfassungen, anderer politischer Konstellationen und neuer Erscheinungsbilder sozialer Ausgrenzung und neuer Gewaltförmigkeiten noch gültig erklären, was geschieht, muß zumindest offenbleiben.

Die Feinderklärung gegen Kommunisten, ihre Ausbürgerung und Kriminalisierung in der Restaurationsperiode der BRD vollzog sich vergleichsweise unauffällig unter dem Schirm einer politischen Großwetterlage (Antikommunismus, Kalter Krieg, Roll back), die die Kommunistenverfolgung in der öffentlichen Einschätzung auf das Niveau einer kosmetischen Korrektur brachte: Sie verlief in rechtsstaatlichen Bahnen und war verbunden mit »Aufbau und Festigung« der Demokratie. Die Kenntlichmachung des Feindes erfolgte über Gesetzgebungsakte, richterliche Gesetzesauslegung und -anwendung. Die formale Organisationsstruktur der KPD und mit ihr verbundener Gruppierungen machte dieses Verfahren hinreichend effizient. Eine eigentliche Versinnlichung des Feindes war nicht notwendig, da über die Anwendung der Gesetze hinaus keine spezielle Legitimation aufgrund der politischen Großwetterlage notwendig war. Immerhin kam es zu ungemein extensiven Auslegungen, zur Konstruktion einer »Kontaktschuld«: So wurden Menschen von der Lüneburger Staatsschutzkammer verurteilt, die die in Not geratene Ehefrau eines inhaftierten Kommunisten materiell unterstützt hatten. Das hatte Folgen: die Involution rechtsstaatlicher Garantien als die Aushöhlung historisch legitimierter Rechtsnormen auf dem Boden des Rechts selber. Liberale Juristen wie Heinemann und Posser traten dieser Entwicklung bereichsweise entgegen. Ein Strukturelement, das uns wieder begegnen wird, ist die Rechtsstaatlichkeit und Justizförmigkeit der Feinderklärung und -behandlung.

Strategien zur Kenntlichmachung und Versinnlichung des Feindes bekamen in den Jahren der Protestbewegung der Schüler, Studenten und jungen Arbeiter – vorzüglich die Identifikation des »Studenten« – wieder erhebliche Bedeutung. Das hatte vor allem zwei Gründe: 1. Diese Protestbewegung war aktionsbestimmt. Ihre substanzielle Organisationsform war die plebiszitäre Massenversammlung (»Teach-in«) und die Straßendemonstration. Ihr Emanzipationsanspruch macht auch vor den eigenen rudimentären formalen Organisationsansätzen nicht halt. Ihr Prinzip der Öffentlichkeit war der wirksamste Schutz gegen die traditionellen Diversionstechniken der Staatsgewalt gegen sozialistische Opposition. Über formalrechtliche Abgrenzungs-

und Mitgliedschaftskriterien ließ sich die Masse der – sicher in unterschiedlichsten Graden engagierten und ergriffenen – Partisanen dieser Bewegung nicht »ordnen«.* 2. Die Protestbewegung vereinigte anfangs nicht unerhebliche, wenn auch unspezifische Sympathien auf sich. Wir erinnern nur an das Fernsehinterview, das Günter Gaus 1967 mit Rudi Dutschke machte. Diese Sympathien mußten nachhaltig frustriert werden. Hier entwickelte vor allem die Springer-Presse Feindbildinhalte und entsprechende Kommunikationsstrategien.**

Im Unterschied zu den Adressaten der anderen Typen von Feinderklärung war die Protestbewegung nicht passives Objekt ihrer Diskriminierung. Vielmehr identifizierte sie sich aktiv mit den ihr zur Last gelegten Erscheinungs- und Verhaltensbildern: Haar- und Barttracht, Kleidung, Lebensgewohnheiten, Äußerungs- und Verkehrsformen, Sexualverhalten. Die Partisanen dieser Protestbewegung brauchten nicht erst sichtbar gemacht zu werden, sie machten sich selber kenntlich. Provokationen im Verhaltensbereich waren Bestandteil ihrer Strategie der kommunikativen Gewalt. Ihr abweichendes Verhalten war zugleich Ausdruck von Emanzipation und Kampfmittel ihres Emanzipationsanspruchs. Die Springer-Presse konnte diese zur Schau gestellte Außenseite unmittelbar negativ sanktionieren, sie in den Hof umlaufender und dressierter Vorurteile hineinziehen, die mit Emanzipationsansprüchen innig verbundenen Äußerungen zu herrschaftskonformen Wahrnehmungs- und Verarbeitungsweisen zurückbetrügen, damit in den Massen keine Erinnerungen an unterdrückte Bedürfnisse entstehen konnten.

Diesen Kampf um Identität und die Dimension ihres Selbstverständnisses nahm die Protestbewegung ohne Zögern auf: Das auf Demonstrationen ironisch-provokativ skandierte »Wir sind eine kleine radikale Minderheit« mag heute noch manchem in den Ohren klingen. Eine kurze Zeit lang »saß« ein bestimmtes, in den Massenmedien programmiertes Feindbild eng »auf«, ohne daß diese »Feinabstimmung« als solche der Protestbewegung geschadet hätte. Die auf sie berechneten »Erkennungsdaten« funktionierte sie praktisch um und entlarvte sie theoretisch. Erst im Zusammenhang mit nachlaufenden Polizei-, Justiz- und Disziplinarmaßnahmen kam es zu Erosionserscheinungen sowohl am Feindbild wie in der Bewegung selber. Gewisse äußere Merkmale der Jahre 66/68 haben heute nichts Differenzierendes und

* In gewisser Weise wurde die propagandistische und justizielle Erzeugung von »Rädelsführern« ein Substitut formaler Mitgliedschaft. Das proteushafte der Bewegung als Bedrohung ging im übrigen in das Feindbild dieser Jahre ein.

** Wir verweisen auf das bereits zitierte Gutachten im Frankfurter Paar-Prozeß »Springerpresse und Volksverhetzung«. Es enthält auch einen Katalog des »Satzes von Attributen« (E. Goffman), der das Feindbild ausmachte.

Ausgrenzendes mehr.* Sie haben sich, gelöst freilich von politischen Intentionen, verallgemeinert.
Warum kann die aktuelle Staatsfeindkampagne um keinen Preis auf propagandistische Begleitung mit dem Ziel der bewußtseinsmäßig vorbereiteten Ausgrenzung einer Teilpopulation und die Erzeugung kurzfristiger Legitimation verzichten? Für eine Antwort wäre vorerst auf die enge, wenn auch nicht ungebrochene Kontinuität der Protestbewegung mit den Zielgruppen dieser Kampagne hinzuweisen, die sowohl auf der Seite dieser Bewegung wie – in vielleicht noch höherem Grade und ungebrochen – auf der Seite der unterdrückenden Instanzen existiert.
In diesem Zusammenhang sind im wesentlichen zwei Gründe zu nennen:**
1. Im Anschluß an die Protestbewegung kam es zu einer breiten Solidarisierung in zahlreichen gesellschaftlichen Teilbereichen auf der Grundlage inhaltlicher Reformvorstellungen, wie sie in der Basis- und Projektarbeit dieser Bewegung entwickelt worden waren, ohne daß allerdings in diesen Teilbereichen die Perspektive der Umwälzung der Gesellschaft mit adaptiert worden wäre. Hinweis auf den latent reformistischen Gehalt der Studentenbewegung: Konzeptionen, insbesondere für die Elendsbereiche der Gesellschaft (Vorschule, Schule, Strafvollzug, Fürsorge) wurden angeboten und aufgegriffen, trafen auf starke Nachfrage und elementares Bedürfnis. Diese partielle Solidarisierung muß zerschlagen und frustriert werden, weil sie ein Schutz für institutionelle Verankerung und Organisationsspielraum der Linken ist (s. unten). Zum anderen könnte sie in historisch brisanten Situationen erneut ihre ursprünglich revolutionäre Perspektive zurückgewinnen und sozialistische Politik auf neuem Niveau und mit wirklicher Massenbeteiligung reproduzieren. Die Gegen-Aufklärung und die propagandistische Begleitung der Staatsfeindkampagne arbeiten am Aufbau einer Gegensolidarisierung und der Festigung abbröckelnder Massenloyalität.
2. Linke haben sich – allerdings nur sehr bereichs- und teilweise – im Sozialisations- und Kommunikationsbereich und an den Universitäten Arbeits-, Subsistenz-, Artikulations- und Publikationsmöglichkeiten erworben und haben eine gewisse institutionelle Verankerung erreicht. Diese Möglichkeiten bilden heute Konstitutionsbedingungen und schaffen Organisationsspielraum für sozialistische Politik. Die Gegen-Aufklärung legitimiert und

* Siehe auch unsere Anmerkung auf Seite 113.
** Vgl. Beitrag A. Krovoza zu »INFO zur Kriminalisierung der sozialistischen Opposition in der BRD.« Hannover, Februar 1972. Der übergeordnete Gesichtspunkt bleibt der der »innerstaatlichen Feinderklärung« (s. Kap. II und V).

leitet die Liquidierung dieser Verankerung ein. Dies ist wiederum eine präventive Maßnahme aus Furcht, daß aus den politisch und organisatorisch gegenwärtig fast unverbundenen Bestandteilen des linken Lagers mit all seinen Verlängerungen in die verschiedensten gesellschaftlichen Bereiche hinein in einer bestimmten historischen Konstellation eine sozialistische Bewegung erweitert sich reproduzieren und organisatorisch sich festigen könnte. Die Universität soll keinesfalls zur sozialen Basis und materiellen Ressource der Intervention in zukünftigen Klassenkonflikten werden.

Das Feindbild des linken »Studenten« hat gleichermaßen an ausgliedernder – für die einen – und integrierender – für die anderen – Kraft verloren. Seine äußeren Merkmale kennzeichnen nur noch schwach.* Sie haben sich verallgemeinert. Mit ansatzweiser institutioneller Verankerung, partieller Solidarisierung und legaler formaler Organisation beginnt nun auch das wichtige Merkmal des Lebensalters zu entfallen: zurecht konnte man vorher von einer »Jugendprotestbewegung« reden. Die etwas hilflose Antwort darauf ist in der Fahndungshysterie die Redeweise von den »sonst honorigen Kreisen« und dem »harten Kern des Baader-Meinhof-Problems, den Sympathisanten«. Die organisatorische, ideologische und soziale Vielfalt der Linken erschwert die Ausbildung eines kontinuierlichen Feindbildes. Über formale Mitgliedschaftskriterien ist nur ein Teil des linken Lagers identifizierbar.

Da bedarf es doppelter Anstrengung: Gerade die sinnliche Erzeugung und Vorstellung des Feindes ist die Bedingung der Möglichkeit seiner sozialen Ausbürgerung. Er muß den Massen zur konkretesten Anschauung gebracht werden. Sie könnten sonst zu leicht auf den Gedanken kommen, in den Agenten der Ausbürgerung ihren wahren Gegner zu sehen. Die Methode der Feindbildkonstruktion und Feindversinnlichung werden wir, um den Unterschied zur gewöhnlichen Vorurteilsbildung, -aktivierung und -steuerung herauszustellen, als »soziale Stigmatisierung« bezeichnen.

Wir entlehnen diesen Terminus E. Goffman, verkennen dabei aber nicht, daß in unsere Adaption unterscheidende Momente und Intentionen eingehen. E. Goffman schreibt:**

»Die Griechen, die offenbar viel für Anschauungshilfen übrig hatten, schufen den Begriff *Stigma* als Verweis auf körperliche Zeichen, die dazu bestimmt waren, etwas Ungewöhnliches oder Schlechtes über den moralischen Zustand des Zeichenträgers zu offenbaren. Die Zeichen wurden in den Körper ge-

* Das gilt umgekehrt auch für einzelne Gruppen der Linken, soweit sie narodnikihaft in die Betriebe gingen. Dem Volk, dem sie dienen wollen, glichen sie sich vorher in einer Art Mimikry an.

** E. Goffman, Stigma. Über Techniken der Bewältigung beschädigter Identität. Frankfurt a. M. 1967, S. 9 ff.

schnitten oder gebrannt und taten öffentlich kund, daß der Träger ein Sklave, ein Verbrecher oder ein Verräter war – eine gebrandmarkte, rituell für unrein erklärte Person, die gemieden werden sollte, vor allem auf öffentlichen Plätzen. ... Heute wird der Terminus weitgehend in einer Annäherung an seinen ursprünglichen wörtlichen Sinn gebraucht, aber eher auf die Unehre selbst als auf deren körperliche Erscheinungsweise angewandt. Ferner sind Verschiebungen aufgetreten in den Arten von Unehre, die Betroffenheit auslösen.« In unserem Umgang mit Anderen oder Fremden verlassen wir uns auf durchschnittliche »Attribute«, die Personen oder Personengruppen vorlaufend, d. h. aufgrund sozialer Routine, »kategorisieren«. »Wir stützen uns auf diese Antizipationen, die wir haben, indem wir sie in normative Erwartungen umwandeln, in rechtmäßige Anforderungen. Es ist typisch, daß wir uns nicht bewußt werden, diese Forderungen gestellt zu haben. ... Während der Fremde vor uns anwesend ist, kann es evident werden, daß er eine Eigenschaft besitzt, die ihn von anderen in der Personenkategorie, die für ihn zur Verfügung steht, unterscheidet; und diese Eigenschaft kann von weniger wünschenswerter Art sein – im Extrem handelt es sich um eine Person, die durch und durch schlecht ist oder gefährlich oder schwach. In unserer Vorstellung wird sie so von einer ganzen und gewöhnlichen Person zu einer befleckten, beeinträchtigten herabgemindert. Ein solches Attribut ist ein Stigma, besonders dann, wenn seine diskreditierende Wirkung sehr extensiv ist. ... Der Terminus Stigma wird also in bezug auf eine Eigenschaft gebraucht werden, die zutiefst diskreditierend ist, aber es sollte gesehen werden, daß es einer Begriffssprache von Relationen, nicht von Eigenschaften bedarf. Ein und dieselbe Eigenschaft vermag den einen Typus zu stigmatisieren, während sie die Normalität eines anderen bestätigt, und ist daher als ein Ding an sich weder kreditierend noch diskreditierend. ... Von der Definition her glauben wir natürlich, daß eine Person mit einem Stigma nicht ganz menschlich ist. Unter dieser Voraussetzung üben wir eine Vielzahl von Diskriminationen auch oft gedankenlos, reduzieren. Wir konstruieren eine Stigma-Theorie, eine Ideologie, die ihre Inferiorität erklären und die Gefährdung durch den Stigmatisierten nachweisen soll; manchmal rationalisieren wir derart eine Animosität, die auf anderen Differenzen – wie zum Beispiel sozialen Klassendifferenzen – beruht.«

Stigmata bilden sich nicht nur naturwüchsig und spontan im sozialen Verkehr, erscheinen nicht nur als Abweichung von in sozialen Einrichtungen etablierten Personenkategorien – sie können auch bewußt und intentional kollektiv gegen eine ganze Teilpopulation *erzeugt* werden. Über die Massenmedien z. B. wird das Stigma im Bezugsrahmen der Erfahrung aus zweiter Hand regelrecht industriell produziert. Die im Sozialverkehr strukturell angelegte Möglichkeit des Stigmas wird zur bewußten *Stigmatisierung* mobilisiert.

Mit dieser Kennzeichnung soll eine neue Qualität von Wahrnehmungspräformation und Vorurteilsbildung deutlich gemacht werden. Was wir gegenwärtig als soziale Stigmatisierung erfahren, ist nicht mehr mit den Kategorien der Analyse »rechter Agitation«, die N. Gutermann und L. Löwenthal so virtuos einführten, vollinhaltlich zu fassen.* Rechte Agitation wirbt vom

* Sie sind jener oben sog. kritischen Soziologie zuzurechnen. Löwenthal/Gutermann, Agitation und Ohnmacht. Auf den Spuren Hitlers im Vorkriegsamerika. Neuwied/Berlin 1966. (Ursprünglich im Rahmen der »Studies in Prejudice« von 1950, wo auch Adornos et al. »Authoritarian Personality«)

Rande der Gesellschaft her um eine – wie immer deformierte – Beteiligung oder versucht Apathie und Ohnmacht zu erzeugen. Sie spielt sich noch im Rahmen von (wie immer verzerrter) Kommunikation ab. Im Vorgang sozialer Stigmatisierung tritt das Monologische und Verordnende, das Aggressive und Liquidatorische deutlich in den Vordergrund, ohne daß allerdings das Ziel der Erzeugung von Apathie und Legitimation entfallen wäre.

Die soziale Stigmatisierung kommt gegenwärtig aus dem *gesellschaftlichen Zentrum* und verbindet sich mit dem (täuschenden) Bewußtsein von Rechts- und Verfassungskonformität. (Das pseudohafte Argumentieren mit Rechtsnormen werden wir am Beispiel des Moderators Löwenthal noch erwähnen.) Sie verbindet sich gleichzeitig mit der Annahme einer prästabilierten Übereinstimmung mit ihrem Publikum, die ihre Agenten doch selbst erst hervorbringen. Alles in allem eine gefährliche Mischung.

Der Vielfalt der Erscheinungsformen sozialistischer Politik heute in der BRD entspricht ein Kontinuum von sich ergänzenden und aufeinander abgestimmten Unterdrückungsmaßnahmen: Die wichtigsten Bestandteile dieses Kontinuums sind die legitimierende Versinnlichung des Feindes und das (vermeintlich) verfassungskonforme und justizförmige Vorgehen, wobei nebenher die unmittelbare Unterdrückung eingeschliffen wird (vgl. Abschnitt über »Außerökonomische Zwangsgewalt«).* Am Beispiel des ›ZDF-Magazins‹ vom 26. 1. 1972 und seinem Moderator Gerhard Löwenthal sollen einige der Thesen ansatzweise belegt werden.**

Diese aktuelle Magazinsendung verband an jenem Tage eine Reihe von Beiträgen aus den Universitäten von Hamburg, Heidelberg, Frankfurt, Hannover – schon diese Gleichordnung unterschiedlichster Vorgänge ein Indiz für Paranoia oder die Absicht der Erzeugung einer kollektiven Paranoia – unter dem Titel »Kommunistische Unterwanderung unserer (!) Hochschulen«. Diese Sendung lohnte eine exemplarische Analyse, die auch die ästhetische und medientechnische Dimension einzubeziehen hätte: Sie offenbart das gesamte pathologische Syndrom der innerstaatlichen Feinderklärung, sie ist eine bestürzende Auskunft über den Zustand unserer Gesellschaft, die sie zu alarmieren vorgibt.

* Die gleichwohl zu beobachtende innere Widersprüchlichkeit dieses Vorgehens, an die Entlarvung und Widerstand anzuknüpfen hätten, müßte eigens herausgearbeitet werden.

** Anläßlich dieser Sendung kam es inzwischen zu einer ernsten Kontroverse zwischen niedersächsischer Landesregierung und ZDF. Vgl. ›Frankfurter Rundschau‹ vom 13. 3. 1972.

Durchgängig ist die *Ambivalenz der Einschätzung des sozialistischen Intellektuellen* und seiner Gruppenbildungen. Auf der einen Seite sind es Gruppen und Individuen (in der pejorativen Bedeutung dieses Wortes werden sie vorgestellt), die sich den Leistungsnormen der Gesellschaft nicht anpassen, sich ihnen willentlich widersetzen und die Verhaltensweisen und Durchschnittserwartungen auf's empfindlichste verletzen: Sie trommeln für die Revolution, sie machen Krach, sie reden dummes und unverständliches Zeug, es sind Polit-Clowns und lächerliche Demagogen. So werden sie ins Bild gesetzt. Es sind Bankrotteure und Versager des reduzierten Überlebens, das gemeinhin als lebenswert gilt. Auf der anderen Seite wird ihre Allmacht herausgestellt. Fast ist es schon soweit, daß unser Schicksal in ihrer Hand liegt. Sie sitzen überall drin. Es ist fünf vor zwölf: Der Umsturz steht kurz bevor. Man muß irgendwo zuschlagen, genaues Zielen würde schon die Chance der Abwendung des Unheils verringern – nur zuschlagen. Triumphierend – aber nicht übertrieben, sich mit der Autorität des Staates identifizierend, den er sich wünscht, ja gleichsam als sein Mund, in Stimmführung und Ernsthaftigkeit des Vortrags an Frontlageberichte aus dem Volksempfänger vor 1945 erinnernd – verlas Löwenthal nach Abschluß des »Kommunisten-Komplexes die dpa-Meldung, »die mir soeben hereingereicht wurde«, daß Ministerpräsident Kubel ein Vorermittlungsverfahren zur Einleitung eines Disziplinarverfahrens gegen den Politologen J. Seifert angestrengt habe. Den hatte er kurz vorher bei seinem inkriminierten Teach-in-Beitrag ins Bild gebracht. Diese Promptheit der Reaktion auf staatsgefährdende Umtriebe muß den Zuschauer von der Überflüssigkeit des Rechtsweges und aller sonstigen Umstände, die immer noch gemacht werden, überzeugen.*

Auffällig weiterhin ist die Tendenz zur *Homogenisierung der Linken* und *Erzeugung einer kollektiven Paranoia.* Die großzügige Abstraktion von Differenzen und Individuationen kennzeichnete schon immer den rechten Agitator. L. ordnet alle Beiträge auf einer Ebene an und identifiziert ihren Gehalt als »kommunistische Unterwanderung«. Jedes Argument, jede Richtung des linken Lagers gilt für ihn dasselbe: am liebsten ist es ihm, wenn die ins Bild gesetzten Linken unartikuliertes Ge-

* Es wäre simpel, L. angesichts dieser Präsentationsweise als den gewöhnlichen Falschmünzer zu ›überführen‹, der er auch ist. Behauptet er doch, der »linksstehende Frankfurter Soziologe Jürgen Habermas«, habe den »Linksradikalismus« einen »roten Faschismus« genannt. (Vgl. dazu: ›Bedingungen und Organisation des Widerstandes. Der Kongreß in Hannover.‹ Berlin. Voltaire Flugschrift 12. 1967) Überflüssig anzumerken, daß selbst außerhalb des Kreises der unmittelbar Betroffenen der »Linksfaschismus«-Vorwurf nicht unwidersprochen blieb. Vgl. P. v. Oertzen im Hessischen Rundfunk I. und II. Programm vom 17. 12. 1967.

räusch produzieren. Konkretes und Differierendes könnte denkstimulierende und lernprozessuale Folgen haben. Er verfährt wie jener Leitartikler des ›Rheinischen Merkur‹, der die DDR, die »Ostverträge«, die »Baader-Meinhof-Gruppe« und ihre »Sympathisanten«, linke Studenten, DKP und VVN in einem Atemzuge nannte. Kenntlichmachung und Identifikation schlagen differenzierende Beobachtung aus dem Feld der Analyse und schaffen damit diese selber ab. Zurück bleibt die nachrichtenpolizeiliche Sammlung von Ausgespitzeltem, das die Polizei selber »Erkenntnisse« zu nennen liebt. Fraktionsauseinandersetzung und politischer Richtungskampf – gegenwärtig Medium der organisatorischen Reproduktion der Linken – bleiben dem schlichten Gemüt L.s verborgen. Wo formale Organisationskriterien nicht ausreichen, um Linke zu identifizieren, wird Organisation unter Hinweis auf Kommunismus und die »Gruppe« (die er sogar selber »Gruppe« zu nennen sich verbietet, um die »Banden«-Sprachregelung zu verfestigen) propagandistisch erzeugt. Die Unterstellung der straff-untergründigen Organisiertheit im Zusammenhang mit dem erweckten Eindruck der Allmacht und Allgegenwart der »Kommunisten« arbeitet an der Herstellung einer kollektiven Paranoia, an der ihr Propagandist eigentlich teilhaben muß. Anders ist die Aura von Überzeugungskraft, die L. zu verbreiten weiß, nicht erklärlich. Den »bösen Blick«, den Zimmermann in seiner Fahndungssendung dem Publikum für den Bereich gewöhnlicher Kriminalität andressiert, erzeugt und schult L. für den Bereich politischer Kriminalität. ›ZDF-Magazin‹ und ›XY-Unbekannt‹ treiben arbeitsteilig dasselbe Geschäft.

Besonders deutlich wurde in dieser Sendung das *Pseudo-Argumentieren mit Rechtsnormen,* was diese selber in der Substanz beschädigt. Die Indizien, um gegen den und jenen vorzugehen, reichen aus. Was vor der Kamera an »Beweisen« und »Erkenntnissen« ausgebreitet wird, ist evident: Der Rechtsweg kann ausgeschlossen werden. Jedem Tatbestand wird die rechtliche Würdigung gleich beigegeben. Das Magazin wird zum Forum. Rechtsstaatlich ist das Verfahren deswegen, weil Paragraphen genannt werden. Wer hier noch nach der zweiten Instanz, d. h. der ersten der ordentlichen Gerichte ruft, macht sich selber verdächtig. Es kommt zur vorprozessualen Verurteilung, mit der sich die ordentlichen Gerichte allenfalls noch in einer Art Ratifizierungsverfahren befassen können. Die unmerkliche Veränderung und Aushöhlung von Rechtsnormen unter Hinweis auf das Recht selber wird auf diese Weise auf den Weg gebracht.

In dieser Flut der Erscheinungen von Unrat und Terror, Rechtsbruch und Wühlarbeit macht sich der Moderator zum ruhenden Pol, zum Symbol für Ruhe und Ordnung, der die aufgewühlten

Leidenschaften dämpft: Es ist nicht ganz so schlimm, wie es gezeigt wurde – allerdings nur unter der Voraussetzung, daß alle wachsam bleiben und sich rüsten. Ein beherrschtes Zittern in der Stimme des Moderators soll andeuten, daß man jedoch jederzeit gegen die Störer dessen vorzugehen bereit ist, zu dessen Hüter man sich bestellt hat: Ruhe und Ordnung. L. macht dem Zuschauer ein deutliches Identifikationsangebot. Sein Verhalten und seine Beziehung zum auf die Wohnungen verstreuten Publikum sind im Bezugsrahmen der Freudschen Massenpsychologie erklärbar. Der Moderator wird zum Führer einer »postfaschistischen Massenorganisation«.

IV. Internationales Kapital, Staatskrise und Massenloyalität

Wir sehen in der innerstaatlichen Feinderklärung der BRD *ein* eindrucksvolles Anzeichen dafür, daß Staatsgewalt, Regierung, politisches Gefüge der parlamentarisch-demokratischen Gesellschaft in eine Aera der fundamentalen Krise eingetreten sind.* Das, was menschliches Handeln und die Verhältnisse des organisierten Kapitalismus auf Dauer stellen sollte: die *Institution*, wird gegenüber der übernationalen, zwischenstaatlichen, innergesellschaftlichen Dynamik, den *Prozessen*, schwach (ja stellenweise ›störend‹, dysfunktional) – von den Einrichtungen der ökonomischen und politischen Steuerung, der Organisation des politischen Lebens bis hin zur Matrix von Werten, Verhaltens-Erwartungen usw., die den bürgerlichen Verkehr regeln. Warum? Weil diese institutionellen Absicherungen und Apparate überständig geworden sind. Das *Kapital* in der Phase seiner erweiterten Reproduktion hat sich ja längst von seinen klassischen Formen (Konkurrenz-Kapitalismus) gelöst, aber es hat auch eine neue Stufe der Monopolisierung erreicht und macht in neuerer Zeit nationalstaatliche Instrumente der Wirtschaftspolitik und Sozialpolitik obsolet. »Dieser (d. h. der liberale Rechtsstaat) findet seine legitimierende Substanz im bürgerlichen *Reich der Sittlichkeit*, der gewaltlosen Verkehrsform der Zirkulationssphäre, in der Marx zufolge ›Freiheit, Gleichheit, Eigentum und Bentham‹ herrschen. Mit dem Schwinden der freien Konkurrenz von einander gleichgültigen und gleichgeltenden Warenbesitzern durch die monopolistische Entpersonalisierung des Marktes verlor die Zirkulationssphäre ihre sittlich legitimierende Kraft.« (Hans-Jürgen Krahl)[1]

Diese *Abschwächung von Massenloyalitäten* gefährdet den Unterbau der Herrschaftskulturen und ihres Rechtsstaats in einer Weise, auf die viele Einrichtungen der sogenannten gewaltlosen Steuerung und Kontrolle der Bevölkerungsmassen nicht vorbereitet, für die sie nicht gemacht sind – die wachsende Divergenz von Institution hier und ökonomischen sowie sozialen Prozessen dort kann nur noch *gewaltförmig* gezähmt und unter erneute Kontrolle staatlicher Gewalt gebracht, den überlieferten bürgerlichen Verkehrsformen wieder unterstellt werden. Gewiß handelt es sich genetisch und hintergründig um Widersprüche zwischen dem Stand der Produktivkräfte und dem Produktionsverhältnis.

* Vgl. S. 45 f.

A. Gorz[2] hat die Steuerungsschwäche des Staats als die ›Krise des öffentlichen Dirigismus‹, als Schwäche des nationalen Krisen-Managements beschrieben und mitsamt der ›zunehmenden Verwundbarkeit und Rigidität der ökonomischen Gleichgewichte und Lenkungssysteme‹ auf die Dominanz der großen monopolistischen Machtzentren und der Tendenzen des Weltmarkts zurückgeführt. Er vergaß nicht, zu erwähnen, daß sich die allgemeine Tendenz: gesellschaftliche und kulturelle Investitionen (Gesundheits- und Schulwesen, Verkehr, Städte- und Wohnungsbau usw.) den Rentabilitäts-Ansprüchen des Monopolkapitals zu opfern, allerorten durchsetzt.* Der manövrierunfähig gewordene Staat zeigt sich gegenüber dem Weltmarkt als abhängig, gegenüber der nationalen Wirtschaft als ein nicht mehr zureichender Garant des sozialen Friedens und der Geschäfte.
Wenn das Übergewicht des Monopolkapitals und das der Großbourgeoisie im Lager des Kapitalismus ein bestimmtes Maß überschreitet, wenn die Dynamik des Weltmarktes *zu* übermächtig wird, kann eine den objektiven Erfordernissen des Großkapitals entsprechende Politik im traditionellen Rahmen bürgerlicher Demokratie nicht mehr durchgesetzt werden.[3] Die »Wettbewerbsfähigkeit der monopolistischen Gruppen« (A. Gorz) hängt mit davon ab, ob es ihren Vertretern gelingt, zureichenden Einfluß auf nationale Exekutiven und Verwaltungen zu gewinnen. Deren Entscheidungen müssen auf die des Groß-Unternehmertums abgestimmt werden, und unter Umständen benötigen die Verwaltungen und Exekutiven sogar einen *Macht*zuwachs, um das Interesse des Monopolkapitals zu stützen und abzusichern[4]; dem entspricht ein Abbau öffentlicher Kontrolle. Das *Parlament* kann diese Entwicklungen höchstens stören: in ihm werden ja beispielsweise auch Widersprüche wirksam, die zwischen dem internationalen Großkapital einerseits und den nationalen Industriellen andererseits bestehen[4], wobei ein *zu* konservativer *look* innerstaatlicher Politik durchaus einmal auf den Wunsch der kleinen und mittleren Industriellen und ihrer Vertreter zustande kommen mag. Groß-Unternehmen, Konzerne müssen auch auf der Ebene der *Kommunen* direkt in kommunalpolitische Entscheidungen eingreifen und ihren Einfluß dort möglichst ungestört geltend machen können.** – Als eine einst mächtige Organisation *nationaler* (Wirtschafts-) Interessen hat der politische Staat jedenfalls einen spürbaren Bedeutungsschwund erlitten. Es wird für ihn immer schwieriger, inländische Industrien oder einzelne Produk-

* Bedeutsam für die Situation auch der Kommunalpolitik, vgl. S. 77 ff.
** Vgl. später S. 51 ff.

tionsbereiche in eine Richtung zu drängen, in die das Gesamtsystem ›Weltmarkt‹ *nicht* drängt[5] – die nationale Strukturkrise als Dauererscheinung. Er importiert Währungskrisen, Inflation und Stagnation. Mit den Widersprüchen zwischen internationalem Großkapital und den Interessen nationaler Wirtschaft wird er, wo immer sie auftreten, nicht mehr recht fertig, und manchmal auf Kosten letzterer. Betroffen wird dieses politische System der bürgerlichen Demokratie zusätzlich von den Folgen der multinationalen Organisation großer Konzerne. Die einheimische Bourgeoisie wird nicht nur in den sogenannten Bananenrepubliken durch den Druck geschwächt, der von kapitalstärkeren Ländern ausgeht.* Die ausländischen Muttergesellschaften denationalisieren wichtige Teile der einheimischen Führungsinstanzen[4], und den kapitalmächtigen Konzernen gelingt es überdies, einheimische Gesetze und Politiker *so* zu beeinflussen, daß sie, die ausländischen ›Mütter‹, die entscheidende Kontrolle im Gastland ausüben.
Der Staat, nach dessen wirklichem Entscheidungs-Monopol wir fragen, ist gegenüber den ökonomischen Prozessen und ihren Folgen nicht mehr Herr im Hause. Er wird steuerungsschwach, ja unfähig, obwohl er sein Macht-Monopol nach wie vor energisch nutzen kann. Zwar gelingt es ihm nicht mehr, die relevanten ökonomischen und sozialen Vorgänge zu gestalten, auch im Sinne des ›Krisen‹-Managements und des Schutzes der einheimischen Wirtschaft steuert er nicht mehr wirklich; noch immer freilich kann er *unterdrücken*. Seine Manövrierfähigkeit sinkt allerdings auch aus innenpolitischen Gründen – und nicht nur wegen der Widersprüche innerhalb der Kapitalfraktionen; die Erhaltung des ›sozialen Friedens‹ wird überhaupt ein riskantes Geschäft.
Soviel ist also richtig an der Gehlen'schen These von den ›Superstrukturen‹[6], daß in Politik wie Wirtschaft übernationale, ja über-kontinentale Interdependenzen sich herstellen, und nationalwirtschaftliche Prozesse längst von jenen Interdependenzen und den darin vorherrschenden ›Subsystemen‹ abhängig geworden sind. Das ist der von der Bourgeoisie geschaffene ›Weltmarkt‹, das sind übernationale Kapital-Interessen und- bewegungen, denen gegenüber das wirtschaftspolitische Instrumentarium des nationalen Staats zu versagen beginnt. Der Staatsinterventionismus erreicht die Grenzen seiner Wirksamkeit – hat damit der Staat nicht auch Grenzen seiner *Wirklichkeit* erreicht? Nicht nur die Parlamente haben ihre Funktionsverluste erlitten.

* Oder die BRD *ist* eine Bananenrepublik.

2. *Die Krise der Konfliktregelung*

Innen- und wirtschaftspolitisch wird die Erhaltung des ›sozialen Friedens‹ gleichfalls problematisch, wird die Souveränität der Regierungsgewalt geschwächt. Vorhaben, die als dringlich erkannt sind: Steuerreform, die Bekämpfung von Wirtschaftskriminalität und Fragen des sogenannten Umweltschutzes scheitern zum Teil an Interessenkonflikten, die eine Koalitionsregierung lähmen (die aber, soweit sie Widersprüche in den Kapitalfraktionen repräsentieren, einer Schlichtung unter fast jeder Regierung nur schwer zugänglich sein würden), zum Teil an mangelnden gesetzlichen Möglichkeiten. Von besonderer Bedeutung, namentlich prognostisch, ist, daß *sozial-integrative* Organisationen, einstmals in der Überwindung rohester Formen quasi kolonialistischer Ausbeutung der werktätigen Bevölkerung bewährt, heute vom Vertrauensschwund der Organisierten betroffen sind. Die *Gewerkschaften* geraten unter den Druck ›wilder‹ Streiks und kurzfristiger spontaner Arbeits-Niederlegungen, im vertikalen und horizontalen Gefüge zeigen sich Spannungen – auf ihre Stabilisierung ist seit September 1969 kein rechter Verlaß mehr. E. Schmidt: »Entweder akzeptieren sie die staatlich aufgezwungene Rolle eines Reaktionszentrums der staatlichen Wirtschaftspolitik und setzen auf die Kooperation mit dem Staat: dann riskieren sie den Konflikt mit den eigenen Mitgliedern. Oder sie besinnen sich auf ihre Rolle als Aktionszentrum der Lohnabhängigen und setzen auf die Kooperation mit dem politisierten Teil der Arbeiterschaft, dann fordern sie den Konflikt mit der staatlichen Wirtschaftspolitik heraus. Letztlich gefährden beide Versionen der Gewerkschaftspolitik das Stillhalte-Bedürfnis der Spitzenbürokratie, das die Reputierlichkeit der Organisation zum Selbstzweck macht.«*

Als Einrichtungen, die für einen sogenannten geregelten Austrag gesellschaftlicher Konflikte in der Weise zu sorgen haben, daß die gesellschaftliche Substanz der Konflikte in Affirmation an die Ideologie des Sozialstaats schwindet, waren (und sind) die Gewerkschaften jedoch eine *Stütze* der Regierungsgewalt, insofern sie eben den ›sozialen Frieden‹ mit regeln, der sowohl Ziel als auch Fundament des staatlichen Entscheidungsmonopols geworden ist. Während sie ohne Zweifel die Interessen des einzelnen Lohnabhängigen in vielen Fragen der Lebenshaltung usw. für ihn positiv vertreten, werden sie zugleich in die Rolle des Stabilisators für bestimmte Rentabilitäts- und Herrschaftsinteressen der Unternehmer gedrängt: Schmidts These ist, daß die Gewerkschaften eine doppelte Funktion hätten – sie üben ei-

* Eberhard Schmidt, Ordnungsfaktor oder Gegenmacht. Die politische Rolle der Gewerkschaften. edition suhrkamp 487 Frankfurt a. M. 1971.

nerseits ihre Mitgliedschaft in Folgebereitschaft gegenüber den Widersprüchen des kapitalistischen Systems ein; andererseits handeln sie im Interesse der Stabilität materielle Kompromisse aus, die das Wirtschaftswachstum auch von der Nachfrageseite her stützen. Was aber vor wenigen Jahren noch als ›wachsende Zufriedenheit‹ der Bevölkerung angesichts der Erleichterung ihrer materiellen Lage verstanden wurde: die Tendenz zur Konformität, zum Desengagement, zur politischen Apathie und zum Wohlverhalten, erwies sich als in hohem Maße anfällig schon gegen Rezessionen beschränkten Ausmaßes. Ein Stück ›Massenloyalität‹ und Integration schwindet, was die Erhaltung des ›sozialen Friedens‹ zu einem prekären Geschäft macht und die Autarkie der Regierungsgewalt gegenüber den Bevölkerungsmassen nach 1948 erstmals reduziert.

Es muß auch damit gerechnet werden, daß Forderungen nach einem *Mehr* an politischer Macht und ökonomischem Einfluß nicht wieder verstummen werden; mit den vorhandenen Regelungen für die ›Mitbestimmung‹ im Unternehmen oder für die ›Vermögensbildung in Arbeitnehmerhand‹ ist diesen Forderungen nicht mehr auf Dauer abzuhelfen. Lohnabhängige, mithin die überwiegende Mehrheit der Bevölkerung, haben sich zwar im Laufe der Zeit ihren Lebensbedingungen in kapitalistischen Gesellschaften angepaßt: weil man seine Arbeitskraft verkaufen muß, um leben zu können; weil es bürgerlich zwanghaft geworden ist, daß man regelmäßig zur Arbeit geht, anderes wäre moralisch anrüchig, verwahrlost, unanständig; weil man sonst mit scharfen Sanktionen rechnen muß (Betriebsführung, Polizei, Nachbarn . . .); weil die fixen Kosten für Miete, die Raten- oder Eigenheim-Verschuldung und das ganze, für die warentauschende Gesellschaft kennzeichnende System des Vorlaufs von Konsum vor geldbringender Tätigkeit zu regelmäßiger Arbeit zwingen. Die so Kolonialisierten fügen sich noch, wenn auch, wie die Rückkehr roher Gewaltförmigkeit in die Politik der herrschenden Klasse mitsamt der Zunahme wilder Streiks, wie der ›gefährliche Graben zwischen dem establishment der Arbeiterparteien und Gewerkschaften und ihrer Basis‹ zeigen, Anpassungssysteme sich lockern. »Die Arbeiter, Angestellten und Beamten haben auf verschiedene Weise demonstriert, daß sie ihre Interessen ohne Bevormundung zu vertreten wünschen. Um die Kerne der Studentenbewegung herum ist in konzentrischen Kreisen eine massenhafte Reformaktivität entstanden, die mit den ›normalen‹ staatlichen Disziplinierungsmitteln zwar verlangsamt werden kann, die aber nur dann wirklich vernichtet werden könnte, wenn wieder parastaatliche Terrorbanden lizenziert würden.« (M. Vester)[7]

3. Die Lage der Gemeinden

Daß Regierungen, ›staatstragende Parteien‹ und die Institutionen des gesellschaftlichen Lebens in eine Aera der Krise eingetreten sind: Einrichtungen des politischen Systems parlamentarischer Demokratien, schon immer Ausdruck wie Garant des kapitalistischen Produktionsverhältnisses, auf einer *zweiten* Stufe der Funktionalisierung nun beginnen, noch die schmale Marge ihrer – keineswegs immer nur fiktiven – Entscheidungs-Spielräume zu verlieren, ohne daß dieses historisch neue Verhältnis von Staat und Kapital sich noch verheimlichen ließe – das zeigt deutlich die Situation der *Kommunen* in der BRD. Seitdem die von den ortsansässigen Unternehmern abgeführten Gewerbesteuern immer mehr *die* zentrale Stellung innerhalb der gesamten Steuereinnahmen der Gemeinden einnehmen, sehen die Gemeinden sich genötigt, »sich gegenseitig mit Zugeständnissen an die Industrie zu überbieten – ein Mechanismus, der fortwährend Steuergelder in private Taschen leitet.«[8] »Selbst Gemeinden, die so finanzschwach sind, daß es an Klassenräumen für die Kinder und an Betten für die Kranken mangelt, sehen sich gezwungen, kapitalstrotzenden Wirtschaftsriesen Investitionsspritzen zu geben. Dabei fördern auch Bund und Länder mit Milliardenbeträgen die Industrieansiedlung – sie stellen Mittel der Bundesanstalt für Arbeit und aus dem ERP-Sondervermögen bereit, gewähren Eingliederungsbeihilfen zur Schaffung von Dauerarbeitsplätzen in Bergbaugebieten, zahlen Darlehen, zinsgünstige Darlehen, Zuschüsse, Zinszuschüsse, Zinsverbilligungen, Finanzhilfen, Beihilfen, Zuwendungen, Sonderzuweisungen und Sonderbedarfszuweisungen.« In kleineren Orten, in denen feudalistische Verhältnisse herrschen, weil die finanzielle Abhängigkeit der Gemeinde von *einem* einzigen großen Unternehmen optimale Ausmaße erreicht, ist die kommunale Selbstverwaltung erheblichen Pressionen ausgesetzt. Aber »Großkonzerne – die nicht selten eigene Teams für die Standortplanung unterhalten – können selbst gewerbegesättigte Großstädte unter Druck setzen«[9]; allein schon die Drohung, den Unternehmenssitz (oder Konzern-Glieder) in eine andere Stadt zu verlegen, beeinflußt kommunalpolitische Entscheidungen. Weil hier im Trüben gefischt wird, die öffentliche Kontrolle ausgeschaltet werden muß, schaffen sich »immer mehr Gemeinden und Landkreise ... außerhalb der Verwaltung weitgehend selbständige Wirtschaftsförderungsinstitutionen, oft in Form privatrechtlicher Gesellschaften, die ähnlich Bonns Geheimdiensten nur von ausgewählten Vertrauensleuten des Gemeinde- oder Kreisparlaments überwacht werden. Zugleich wachsen mit der Verschuldung der entmachteten Gemeinden auch deren Forderungen an den Bund, was dessen Finanz- und Führungskrise zuspitzen könnte.«

Wie aber hat sich auf der ›2. Stufe‹ der Funktionalisierung des politischen Systems, auch auf der Ebene der Kommunen, die Situation des Gemeinde*bürgers* entwickelt? In verschiedenen Bereichen seines Lebens, und zwar in Feldern seiner unmittelbaren Erfahrung, können Bedürfnisse nicht mehr, wie früher, wie selbstverständlich als befriedigt gelten: Probleme im Bereich der Miethöhe, des städtischen Wohnungsbaus, der Städteplanung, des Nahverkehrs, des Schul- wie des Gesundheitswesens spitzen sich für ihn bemerkbar zu. Während eine angemessene Investitionspolitik des Bundes, der Länder und der Gemeinden nicht mehr machbar ist, entfalten sich zugleich Bürger-Initiativen, deren symbolische Funktion ihre faktische und machtpolitische Bedeutung zwar übersteigt, die aber nicht mehr so leicht integrierbar sind, wie es anfangs schien.*

M. Vester[10]: »Die Erscheinungsformen der gegenwärtigen Strukturkrise sind: Preissteigerungen, dequalifizierte Konsumgüter und Umweltverseuchung sowie ein Stillstand der sozialstaatlichen Leistungen für körperlich und psychisch Leidende, für Verkehr und kommunale Infrastruktur, für die Rentner und die Jugendlichen im Ausbildungssektor. Diese anhaltenden Krisenerscheinungen beweisen, daß ein wirtschaftliches und soziales Gleichgewicht mit dem Profitprinzip als vorrangigem Regulierungsmechanismus nicht erreicht werden kann. Die Krise hat im Bildungssektor 1966-1968 eine Protestwelle der Studenten und Jugendlichen, im Produktionssektor 1967 und 1969 zwei spontane Streikwellen und im Konsumbereich in derselben Zeit mehrere eindrucksvolle Straßenbahnboykotte motiviert«, dies wäre also um diese ›Bürger-Initiativen‹ noch zu ergänzen.

* Hier wäre eben nicht nur an Aktionen »für kleine Klassen an Volksschulen« u. dgl. zu denken; Der ›Spiegel‹ hat im zitierten Bericht über einige sehr erfolgreiche Initiativen berichtet: »Neuerdings jedoch drohen Rathaus-Politikern in Sachen Gewerbeanwerbung immer häufiger Nachteile: Seit westdeutsche Bürger umweltbewußt geworden sind und ein manchmal geradezu ›aggressives Interesse an der Kommunalpolitik‹ (Deutscher Städtetag) zeigen, müssen Stadtväter, die Industrie ansiedeln, mit Protestdemonstrationen und Flugblattaktionen, Unterschriftensammlungen oder gar Verwaltungsgerichtsklagen rechnen. Allein in den letzten Monaten bremste derlei Bürgerinitiative in Gelsenkirchen den Bau einer Floatgas-Fabrik der Flachglas AG Delog-Detag mit einem Investitionsvolumen von 150 Millionen Mark; in Nordenham eine neue Zinkelektrolyse der Preußag AG (130 Millionen Mark); in Esenshamm das Entstehen eines Atomkraftwerks der Nordwestdeutschen Kraftwerke AG und der Preußenelektra (825 Millionen Mark); bei Orsoy die Anlage einer Ölraffinerie samt Chemiewerk der Veba (vier Milliarden Mark); in Mettmann die Errichtung einer Schmelzofen-Anlage der Georg Fischer GmbH (Investitionsvolumen: 100 Millionen Mark); in Renzenhof bei Nürnberg eine Erdgas-Aufbereitung der Ruhrgas AG und der Linde AG (80 Millionen Mark).«

Es fehlen Mittel zur Befriedigung bürgerlicher Bedürfnisse, die früher einmal vorhanden waren (und sei es auch nur ansatzweise), aber auf der Seite der Bevölkerung ist etwas vorhanden, was früher fehlte: nämlich *lokale, kommunale Mobilisierbarkeit*, die zumindest tendenziell auch *politisierbar* ist und vor allem werden könnte. Sie trägt, was ein Phänomen ersten Ranges ist, vom Rande her mit dazu bei, die früher wie selbstverständlich hingenommene Befolgung von Gesetzen zu lockern, Spielregeln zu verletzen und lokale single-point-Revolten zu unterstützen: es gibt nicht nur ›Rote-Punkt-Aktionen‹ in zahlreichen Städten, sondern auch offene Sympathien für *Hausbesetzungen*, für diese nur zu verständliche Antwort auf die Herrschaft des Rentabilitätsprinzips und des Privateigentums an Grund und Boden. Aber ›Ordnung‹ und sozialer Friede in den (nach-) bürgerlichen Gesellschaften des organisierten Kapitalismus, und damit die Autarkie der Regierungsgewalt und der Bürokratie gegenüber den Bevölkerungsmassen (also ihr Entscheidungsmonopol, ihre Souveränität) beruhen auf dem reflexartigen Unterwerfungsverhalten der Majorität – stärker als etwa auf der Macht des Staates, Gesetzesübertretungen negativ zu sanktionieren.* Die Einrichtungen und Techniken politischer wie ökonomischer Steuerung setzen eine weitgehend politisch apathische, eine *ent*politisierte und fügsame Bevölkerungsmehrheit voraus.
Seitdem die kolonialistischen Verhältnisse in Obdachlosen-Asylen, Fürsorge-Heimen, Strafanstalten usw. Öffentlichkeit gefunden haben, drohen auch von da her, früher aus dem Bewußtsein der Bürger vollkommen ausgeblendet, ständige Beunruhigungen mit vereinzelt durchaus mobilisierender Kraft. Aber auch in anderer Weise haben sich mobilisierte oder gar politisierte Subsysteme herausgebildet, auf die der Staatsapparat, das politische System nicht eingerichtet waren und deren Re-Integration *ohne* restriktive Ideologisierung und ohne Zwangsgewalt (oder entsprechende Drohung) nicht mehr geleistet werden kann: wir erinnern an *Lehrlings-, Schüler-* und *Studentenrevolten*. Die Machtebene des Staats, der Verwaltung, die stabilisierende und apathisierende Kraft vieler Institutionen wurde ein Stück weit unwirklich.

* Auf die Frage dieser Massenloyalitäten werden wir gleich ausführlich eingehen, vgl. S. 81 ff. – Max Horkheimer bezeichnete die gegenwärtige Lage der Populationen in einem Vortrag der Wiener Freud-Gesellschaft im Oktober 1970 so, daß innere Regulierungen nicht *mehr* ausreichend und der polizeiliche Apparat *noch* nicht ausreichend funktionieren.

4. Ein anthropologisches Datum

Daß sich weit unterhalb der ›Superstrukturen‹, d. h. der über- und multinational sich organisierenden geschichtlichen Prozesse mit einem Male *lokale* und *subregionale* Initiativen und Interessen – wie schwach auch immer – organisieren und artikulieren, der Staatsapparat also einerseits nach der Seite des internationalen Kapitalflusses usw. zunehmend dependent, hilflos wird, andererseits aber auch nach der Seite des Lokalen und Subregionalen in der Bevölkerung keine sicher wirksamen Institutionen der (gewaltlosen) Steuerung und Integration mehr besitzt, dies schneidet sich gleichsam mit einer benachbarten, ›anthropologischen‹ Entwicklungslinie. A. Gehlen hat beschrieben, wie zwischen die Individuen und ihren unmittelbaren Erfahrungsumkreis einerseits, die sozialen, wirtschaftlichen, politischen ›Superstrukturen‹ andererseits *Erfahrungen aus zweiter und dritter Hand* treten, und zwar über die Medien der Massenkommunikation. Entsinnlichung, Tendenzen zur Herabsetzung des Realkontakts (mit einer sinnlich erfahrbaren Welt), Erfahrungsverlust hat er in diesem Zusammenhange glänzend beschrieben. Allein die breite Straße des Protests der ›Verweigerer‹: von den poètes maudites im 19. Jahrhundert bis zu den beatniks, hippies usw. läßt spürbar werden, daß sich – in gewiß begrenzten Subsystemen der Bevölkerung – auch hier *Gegen*-Tendenzen: *Ver*sinnlichung, Abwendung von der Abstraktion, Bedürfnis nach Erfahrungen aus erster Hand anmelden. Ansatzweise gingen solche Tendenzen auch in die Kommune-Bewegung ein.

An dieser Stelle droht offensichtlich jener Integrations-Zusammenhang aufzureißen, der von den Medien der Massenkommunikation gestiftet wird. Dahinter werden Abwendungen von den Prinzipien technischer Rationalität und natürlich von der *Konsumfunktion* sichtbar. Die wachsende Tendenz innerhalb breiter Bevölkerungsteile, sich im Sinne der Hinwendung zu *Primär*-Erfahrungen und in der Nachwirkung der Studentenbewegung lokal und subregional zu mobilisieren, hat also auch eine anthropologische Seite, deren Bedeutung für den Herrschafts-Apparat des Staats immerhin zunimmt. Auch *Desintegration* bleibt, wie die Zunahme des Drogenverbrauchs und bestimmte Phänomene des sexuellen Verhaltens zeigen, nicht mehr auf einen ausgegrenzten, abgesonderten Bereich der *drop-outs* klassischen Stils begrenzt.

5. Der Schwund der Massenloyalität

Die ›Aera der Krise‹ des gegenwärtigen Staats und des politischen Systems reicht weit. Wir haben bereits erwähnt, daß – in der Formulierung C. Schmitts – die ›Rechtsordnung‹ eine (Grund-) *Ordnung* voraussetzt, daß es bestimmter *Normen* des sozialen Lebens, der Verkehrsformen, bedarf, damit Rechtsordnung und staatliche Ordnung sei. Die innerstaatliche Feinderklärung in der BRD muß deswegen auch noch in anderen Zusammenhängen analysiert werden als in den klassischen der Kritik der Politischen Ökonomie: nämlich vor dem Hintergrund einer tendenziellen Abschwächung von Massenloyalitäten, die an die Wurzel bürgerlicher Verkehrsformen rührt, und die auf der Seite des Staats, der Regierung, des Verwaltungs- und Rechtssystems sehr wohl panikartige Zustände auslösen kann.

(a) *Kriminalität.* Wir nähern uns dem damit gemeinten Tatbestand, der nicht leicht zu fassen ist, auf einem Umweg: indem wir nach der sozial-integrativen Bedeutung der Kriminalität fragen (die doch auf den ersten Blick als Zeichen von *Des*integration, von Ordnungsverlust beeindruckt). Äußerlich betrachtet, bestätigen uns Geschichte wie Zeitungsbericht, daß es immer einzelne Personen und Personengruppen gibt oder gab, die gegen bestehende Gesetze verstoßen. Es scheint auf den ersten Blick über jeden Zweifel erhaben zu sein, daß Gesellschaften in ihren Systemen der Rechtsordnung jene Personen oder Personengruppen als ›Täter‹ ausstoßen, vereinzeln und sie bestrafen wollen, mit dem Ziel, solche Ereignisse künftig zu *seltenen* Ereignissen zu machen. Andererseits hat jede Strafe einen ›generalpräventiven Effekt‹, d. h. sie dämpft die Bereitschaft in der Bevölkerung, Straftaten zu begehen oder – anders formuliert – erzieht die gesamte Bevölkerung zu gesetzestreuem Verhalten. Für die Bildung von Massenloyalität, von bereitwilligem Unterwerfungs-Verhalten gegen möglichst alle Normen, die zwischenmenschliche Beziehungen regeln, ist die spektakuläre *Strafe*, die vollzogen wird, sind Polizei, Richter, Staatsanwälte wichtig, wenn nicht unentbehrlich. Gesellschaften haben mithin ein *Interesse* daran, daß es eine gewisse Anzahl von Personen gibt, die über eine Aktivierung des Sanktionssystems solche dämpfende Effekte auf Bevölkerungsmassen auslösen, und damit indirekt die Lenkungsfunktion der Staatsgewalt (und die Fügsamkeit der Bevölkerung) stützen.

Diese »gewisse Anzahl von Personen« kann näher bestimmt werden. In einer Gesellschaft, in der jeder einen Anspruch auf ein ordentliches Verfahren vor unabhängigen, nur an das Gesetz gebundenen Richtern hat, falls gegen ihn der Verdacht besteht, strafbare Handlungen begangen zu haben, und in der die Rechte jedes Angeklagten durch Vorschriften geschützt sind, wäre zu fragen, wer denn dieser ›jeder‹ wirklich sei: im wesentlichen Angehörige der *unteren* Klassen, wie man das um die Jahrhundertwende gern nannte. Genauer: Personen, die aufgrund verschiedener Bedingungen, darunter vorzüglich der Last ihrer Lebensverhältnisse, die sie vorfanden, Normen und Moral der bürgerlichen Gesellschaft nicht verinnerlichen konnten; denen es aufgrund ihres Bildungs- und Ausbildungsdefizits nicht möglich ist, Konflikte, Spannungen, Enttäuschungen sprachlich auszudrücken und die daher auf primitivere Formen motorischer Spannungsabfuhr angewiesen sind; die in ihrer Familie und unter Nachbarn nicht lernen konnten, die Befriedigung von Bedürfnissen aufzuschieben; Personen, deren Einkommen zu niedrig ist, als daß sie am Konsum der Gesellschaft teilnehmen könnten, obwohl Konsumtion, d. h. der Kauf von Waren, eine der wichtigen sozial-integrativen Funktionen der einzelnen geworden ist: ihre Konsumrate entscheidet darüber, ob sie zu unserer Gesellschaft gehören oder nicht. Dieser Personenkreis: die *unteren Klassen,* unterliegt trotz aller Rechtsstaatlichkeit im gesamten forensischen Verfahren zugleich einer einschneidenden moralischen Ächtung, die sich bis in die Presse-Berichterstattung über Prozesse und Strafsachen fortsetzt und die – im Falle des Freiheitsentzugs – nur geringfügig und erst in jüngster Zeit durch demokratische Resozialisierungstendenzen da und dort gemildert wird.

Wie allein schon das Wort ›vorbestraft‹ andeutet, macht die Strafverbüßung der negativen Sanktionierung dieses Personenkreises nicht etwa ein Ende. Konsequent wird unter den skizzierten Gegebenheiten der Strafvollzug *selbst* zur wesentlichen Bedingung von Kriminalität: die Wahrscheinlichkeit des Rückfalls, hieße das in der Sprache der Statistik, nimmt mit jeder Strafverbüßung zu. ›Rechtsstaatlichkeit‹ bedeutet anscheinend eine Institution, zu einer in ihrer sozialen Zusammensetzung möglichst konstanten Quote von Rechtsbrechern zu gelangen. Rechtsstaatlichkeit sichert unter gegebenen gesellschaftlichen Bedingungen, daß die klassenspezifische Verteilung von Kriminalität und entsprechenden Sanktionen sich institutionell geregelt vollzieht. Innerhalb der unteren Klassen haben wenige Menschen eine hohe Chance, ihr Leben lang immer wieder straffällig zu werden, innerhalb der Mittelklasse aber sehr viele Menschen die Chance, nie vor Gericht zu stehen.[11]

Insofern erinnert die sogenannte gewöhnliche (oder ›gemeine‹) Kriminalität an politische Auflehnung: als wäre sie eine Art von *Naturform* praktischer Kritik am Klassenstaat, die vom Gesellschaftssystem allerdings stabilisierend genutzt, weil bestraft, also integriert werden kann. Umgekehrt nimmt politische Kritik, wenn sie praktisch geworden ist, manchmal die Gestalt der gewöhnlichen Kriminalität an Woran liegt das? Zu großen Anteilen auch daran, daß Begriffe wie: Rechtsstaat, Verfassung, einzelne Gesetze, moralische Ordnungen usw. immer der Auslegung bedürfen. Sie lassen sich so interpretieren und dann auch anwenden, daß der einzelne Bürger *bestimmte*, nicht system-konforme politische Ziele und Absichten nur noch um den Preis einer ›vorlaufenden Kriminalisierung‹ verfolgen kann. Ein Beispiel: Es ist bekanntlich sehr schwer und bisher nur in Einzelfällen gelungen, Mietwucher, namentlich als kriminellen Tatbestand, festzulegen, aufzudecken und zu bestrafen. Warum? Die geltende Auslegung der ›Sozialbindungs‹-Klausel des Grundgesetzes (Art. 15) läßt dem Schutze des Privateigentums vor den Menschen mehr Spielraum als dem Schutze des Menschen vor dem Privateigentum. Dagegen läßt sich die Besetzung eines trotz Wohnungsnot und Mietwucher leerstehenden Hauses ganz leicht kriminalisieren. Das Profitinteresse genießt stärkeren Rechtsschutz als der Kampf gegen das Profitinteresse.

Es gibt also *zwei* gesellschaftliche Tendenzen, die systemerhaltend wirksam werden: Einmal finden Selektionsprozesse statt, unter deren Einfluß Personen und Personengruppen unter starken Kriminalisierungsdruck geraten, *weil* die Gesellschaft ein Interesse an einer bestimmten Quote von Rechtsbrechern hat, gleichsam ein Stück verborgene Volkspädagogik. Zum anderen werden Verfassungen, Gesetze usw. *so* ausgelegt, daß konservativen und reaktionären Tendenzen ein sehr breiter Spielraum zur Verwirklichung eingeräumt wird, sozialistischen und kommunistischen aber ein ungemein schmaler. Das Ergebnis des zweiten Prozesses gerät in den Schatten des ersten, d. h. alle Unterschiede zwischen sogenannter gemeiner Kriminalität und politischer Regelverletzung werden tendenziell eingeebnet.

Zum generalpräventiven Effekt *jeder* Strafe (und zur dämpfenden Einwirkung der Existenz von Polizei usw. auf die Entwicklung ›erschießlicher Gedanken‹, wie H. Heine das nannte) tritt mithin ein spezifischer präventiver Effekt – aus der Kriminalisierung der Fundamental-Opposition innerhalb der Bevölkerung, die unter besonderen Bedingungen sogar von den Sanktionen der Regierungsgewalt und des Justizapparates verschlungen werden kann.

(b) *Gesetzesloyalität und Fügsamkeit* – Ein Merkmal der Massenloyalität ist ihre *Gesetzes*-Loyalität, d. h. die Bereitschaft der Bevölkerung, vielerlei Normen des zwischenmenschlichen Verkehrs, die eine rechtliche Fassung gefunden haben, schon wie selbstverständlich hinzunehmen und zu (be-) achten. Gesetze

müssen, wenn Ordnung sein soll, fast reflexartig befolgt werden. ›Ordnung‹ in einer Herrschaftskultur wie der unseren, der soziale Frieden in den Bevölkerungsmassen der Klassengesellschaft, ihre Integration in *eine* Nation beruhen mit auf dieser ›Gesetzes-Loyalität‹ riesiger Populationen. Die Macht der Staatsgewalt und ihrer Exekutive, kriminelle Handlungen zu verfolgen und zu bestrafen, wird erst auf der Folie jener grundlegenden Loyalität wirksam. Zwar *braucht* die Gesellschaft den Gesetzesbrecher, weil sich über seine moralische Ächtung und materielle Bestrafung der gesellschaftliche Zusammenhalt mit herstellt, weil angesichts der Strafe und ihrer Schande der Bürger schon das bloße Auftauchen böser Gedanken fürchtet und abwehrt, aber ein *zu* großer Anstieg an Vergehen und Verbrechen rüttelt an den Grundfesten des Staats. Erstens bewiese ein solcher Anstieg, daß der dämpfende, regulierende (›generalpräventive‹) Effekt der Bestrafung von gefaßten Tätern nicht mehr in ausreichendem Maße eintritt – oft erhebt sich dann die Forderung nach härterer Sanktion, nach Einführung der Todesstrafe usw., obwohl eine solche Reaktion der Staatsgewalt dem ›Übel‹ nicht abhilft, ja eher die Lage verschlimmert (es sei denn, es habe sich ein offenes, faschistisches Regime entwickelt); zweitens aber ist der gesamte Apparat des Gesetzes: von der Polizei über die Gerichte bis hin zu den Strafanstalten einer Massen-*Illoyalität* nicht gewachsen.*
Von besonderer, tragender Bedeutung für unseren innerstaatlichen Zusammenhalt ist die Achtung vor dem Privateigentum, die Anerkennung seiner Heiligkeit. Gerade diese kann nicht über Polizei und Gerichte, sondern muß in der sozialen Kontrolle gesichert sein, die Menschen gegeneinander ausüben: Scham, Schuldgefühl, auch einfache Angst vor der Meinung der Mitwelt müssen den einzelnen zur Beachtung von Eigentumsrechten anleiten. Diese dem Gesetz gleichsam vorgelagerte soziale Kontrolle ist ein »stärkerer Hüter des bestehenden Zustands als alle Polizei.«** Kurz: Als der Bürger Robespierre sich während der Großen Französischen Revolution ›ein Meisterstück der Gesellschaft‹ wünschte, nämlich einen Instinkt zu schaffen, der den Menschen *ohne Beistand des Denkens* dazu anleite, das Gute zu tun und das Böse zu meiden, schwebte ihm genau diese schon *vor*bewußte, reflexartige Achtung und Anerkennung gesetzlich geregelter Verhältnisse vor. Eben dies bezeichnet auch – systematischer und im Rahmen einer Kritik der praktischen Vernunft – der ›Kategorische Imperativ‹ Kants. Die starke Zu-

* Darin liegt das taktische Moment in den möglichst massenhaften ›Selbst-Anzeigen‹ der Studentenbewegung oder im Rahmen der Kampagne gegen den § 218 StGB.
** So J. Burckhardt im Jahre 1865.

nahme an *Diebstählen* in der Bundesrepublik – namentlich Warenhaus-, Laden- und Autodiebstähle weisen erstaunlich hohe jährliche Zuwachsraten auf –, ist also ein Indiz für *zwei* Veränderungen in der ›Massenloyalität‹ der Bürger: die grundlegende Gesetzesloyalität schwächt sich ab, die »Achtung vor dem Privateigentum« schwindet.

Neue rechtspolitische Maßnahmen (wie: Vorbeugehaft gegen Serientäter) werden erwogen; sie dienen keineswegs *nur* der politischen Justiz, d. h. der Ausschaltung der Fundamental-Opposition. Das Bundesjustizministerium hat unlängst über die Erfahrungen berichtet, die in den Bundesländern mit der Haftrechtsnovelle von 1964 gemacht worden sind. In diesem Bericht werden 1620 Fälle von Wiederholungskriminalität ausgewertet: würden die geplanten rechtspolitischen Maßnahmen für ›Serientäter‹ hier einen Wandel schaffen? Uns interessiert hier nur die Frage nach der Struktur dieser 1620 Fälle: mit 1306 Fällen spielt der sog. *schwere Diebstahl* die bedeutendste Rolle, aber weitere 227 Wiederholungstaten entfallen auf *einfachen Diebstahl*, 158 auf *Betrug* (und 54 Fälle schließlich auf *Raub*).[12] Die weit überwiegende Zahl von ›Serientaten‹ liegt in der Eigentumskriminalität, andere Quellen erklären sogar, eine Wiederholungsgefahr sei *nur* bei der Vermögens- und Eigentumskriminalität zu beobachten. Aber hat denn das Anwachsen der Eigentumsdelikte und haben neue rechtspolitische Anstrengungen, Wiederholungstäter besser unter Kontrolle der Staatsgewalt zu halten, so viel mit der Erklärung der *Linken* zum Staatsfeind oder, spezieller betrachtet, mit den sog. Berufsverboten (S. 10 ff.) zu tun, daß es sich lohnt, ausführlich darauf einzugehen?

Immerhin zeigt die Massenloyalität hier Risse, Menschen werden anfällig dafür, bestehende Gesetze und vor allem die vorgelagerte Moral ordentlichen Verhaltens, die soziale Kontrolle zu mißachten, der Staatsapparat zeigt sich als schwach. Daran können sich durchaus viel allgemeinere, auch politische Sorgen der Regierungsgewalt heften: Anlaß dafür bieten weniger anarchistische Gruppen und Aktivitäten selbst, als vielmehr die in solchen gesellschaftlichen Zuständen immer bedrohte *Arbeitsmoral* und der Respekt vor den *Arbeitsmitteln*.* Die Setzung eines innerstaatlichen Feindes dient, so betrachtet, der Entfaltung eines eindrucksvollen Systems von staatlicher Repression, der Rekonstruktion des *autoritären Staats*, der sich gegenüber den von Widersprüchen zerrissenen gesellschaftlichen Beziehungen und der schwindenden Massenloyalität nicht mehr anders zu behaupten weiß.

Dies braucht sich nicht einmal in spektakulären Maßnahmen zu äußern, z. B. Wiedereinführung der Todesstrafe; ja, dies liegt

* Vgl. S. 86 ff.

nicht einmal ganz im Zuge dieser Entwicklung. Vielmehr geht es um die Feinabstimmung exekutiver und justizieller Instrumente, und um die Lückenlosigkeit justizförmiger Interventionen – auch in Bereichen, die bisher nur unter Generalklauseln standen oder sogar als Mikro- oder Subsysteme rechtlich exterritorial waren.

Es sind zweifellos die ›Linken‹, die mit ihrer Kritik an Kapitalismus und politischem System zur Lockerung von Massenloyalitäten beitragen können. Es sei auch daran erinnert, daß die bewußte Mißachtung des Privateigentums zu gewissen provokatorischen Phasen der ›Studentenbewegung‹ gehörte, die sehr wohl wußte, daß im Zusammenhange der Aufzucht, Sozialisation und Erziehung der Kinder die strikte, tabu-artige Beachtung von Eigentumsgrenzen sich mit der Anerkennung von *Herrschaft* unlösbar verfilzt – so daß, wer die Menschen zur Suche nach herrschaftsfreieren Gesellschaftsformen anleiten will, gar nicht anders kann, als ihre Einstellung zu ›Mein‹ und ›Dein‹ (als kategorialer Form epochaler Gegenstandswahrnehmung und -beziehung) zu verändern. Die Kulturrevolutionäre innerhalb der Linken – ich erinnere an den Pariser Mai 1968 – wollen nicht nur das Kapitalverhältnis aufheben, sondern sie wollen *alle* Verhältnisse revolutionieren, in denen der Mensch zur Ware und die Ware zum eigentlichen Subjekt geworden ist; sind »Personenautos überhaupt noch länger zu ertragen«?* Da die Staatsgewalt keine Unterschiede mehr zwischen den ›Linken‹ macht (obwohl die Linken selbst auf den Unterschieden mit wachsender Heftigkeit bestehen), will sie mit der innerstaatlichen Feinderklärung gerade diese kulturrevolutionären Aspekte sozialrevolutionärer Bewegung so rasch als möglich unterdrücken – sie befördern Massen-Illoyalität.

6. *Selbstzerstörung des bürgerlichen Verkehrs*

Die Minderung von Massenloyalitäten im eben erörterten Sinn hat ihre *ökonomischen Ursachen*; es sind Veränderungen der kapitalistischen Wirtschaftsform, die zu einem einschneidenden Wandel typischer Sozialcharaktere und im Anschluß daran auch zur Gefährdung von Arbeitsmoral und von Disziplin gegenüber den Arbeitsmitteln und -gegenständen geführt haben.

Die bürgerliche Gesellschaft, der aufblühende Kapitalismus und noch die ›Gründerzeit‹ des 19. Jahrhunderts hatten ein eigenes, vielfältig bekundetes soziales Leitbild.[13] Von den neuen elend proletarisierten lohnabhängigen Massen, von Handwerkern,

* P. Schneider, Die Phantasie im Spätkapitalismus und die Kulturrevolution. Kursbuch 16 1969, S. 4.

von den an Zahl rasch anwachsenden kaufmännischen Angestellten und von Gewerbetreibenden wurde ein hohes Maß an moralischer Strenge gefordert.
Die Moral der Epoche erwartete von den Menschen sowohl die Bereitschaft zu verzichten, sich des Genusses zu enthalten, fleißig, nüchtern und abhängig zu arbeiten als auch Untertanen-Gesinnung und obrigkeitsstaatliches Denken. Der Soziologe Max Weber sprach von »innerweltlicher Askese« und sah in ihr ein Gemeinsames im Geist des Protestantismus einerseits, des kapitalistischen Sozialcharakters andererseits. K. Marx formulierte den gleichen Tatbestand schärfer, eindeutiger, realistischer: Der Kapitalismus fordere den »aszetischen produzierenden Knecht«. In der heiligen Trias von Verzichtsbereitschaft, Arbeitsmoral und Untertanen-Gesinnung gewannen ›Tugenden‹ wie: Fleiß, Pflichterfüllung, Dienstbarkeit eminente Bedeutung. Die Erziehung ganzer Bevölkerungsmassen zur knechtischen Produktion, die ›Desexualisierung des Organismus‹ (H. Marcuse), seine Herrichtung zum Arbeitsinstrument, schon im ausgehenden Mittelalter begonnen, wurde im Sozialcharakter des 19. Jahrhunderts vollendet. Die Bereitschaft vieler Menschen, in arbeitsteiliger Produktion fleißig, pünktlich, regelmäßig zu arbeiten und abhängig zu bleiben, setzt *innere* Disziplinierungen, verinnerlichte Unterdrückung voraus, jedenfalls dort, wo Lohnabhängige und kleine Gewerbetreibende den Status des bloßen Industriesklaven überschritten hatten. Soziales Leitbild, verinnerlichte Moral und ›Volksbildung‹ ergänzten die unmittelbaren Instrumente der Unterdrückung wie: Hunger, Arbeitslosigkeit, kaiserliches Militär, Polizei und monarchische Gewalt der Fabrikbesitzer. Dimensionen individuellen Lebens mußten sich auf kleine Restbezirke beschränken: Feierabend und Sonntag. Im Bereich der Mittelklasse perfektionierte sich die längst angebahnte Trennung von Lust und Arbeit in einem Wahnsystem von Verdrängungen, Staatsgesinnung und doppelter Moral.
Heute ist an die Stelle des ›aszetischen, produzierenden Knechts‹ ein wesentlich anderes soziales Leitbild getreten. Industrie und Handel leben ja von den Bedürfnissen der Bürger, sie fordern von ihnen wachsende Leistungen im Bereich der Konsumtion. An der fortschreitenden Steigerung und Aktualisierung aller Bedürfnisse, die zu Marktentnahmen führen (d. h. durch käufliche Güter und Dienstleistungen zu befriedigen sind), zersetzten sich nicht nur bürgerliche Tugenden wie Treue zum einmal erworbenen Besitz, Verhältnisse der Schonung, der Pflege, sondern es mußte allgemein die Produktionsmoral durch eine Konsumtionsmoral ergänzt werden.
Der ›aszetische Knecht‹ mußte also zum konsumierenden Knecht werden. Im Zuge der Konsumtionsmoral und des sich entwik-

kelnden Konsumzwangs vollzog sich die Sexualisierung der Öffentlichkeit: Wenn Lust als Ware, wenn in Waren Lust zu kaufen war konnte es bei den Tabus und Prüderien des 19. Jahrhunderts nicht bleiben. Gerade weil die Warengesellschaft kaum wirkliche, menschliche Befriedigung individueller Bedürfnisse kennt, und Sexualität, kaum freigesetzt, auch schon zum ›Sex‹ degradiert war, wurde es so erfolgreich, über sexuelle Attrappen zum Konsum zu verführen. Komsumtionsmoral und Leistungszwang veränderten also zugleich das Geschlechtsleben.

Allerdings: Die Nötigung zur anarchischen, entsublimierten, entfesselten und unselbständigen Konsumtion, die sich sexueller Bedürfnisse bediente und deren partielle Freigabe von Moral und Askese geschichtlich erzwang, blieb nicht unwidersprochen. Denn die neue Konsumtionsmoral des 20. Jahrhunderts durfte die überlieferte Produktionsmoral der Lohnabhängigen nicht zu sehr beeinträchtigen. Die Nötigung zur pünktlichen, straffen, regelmäßigen, sinn-entleerten und unselbständigen Arbeit mußte aufrechterhalten werden. Die Repression von Lust, von Sexualität blieb im Bereich der abhängigen, arbeitsteiligen Produktion nach wie vor auf der Tagesordnung. Die strikte Trennung von Arbeitszeit und Freizeit, die Ausgrenzung einer ›Intimsphäre‹ bot sich als strategische Lösung an: Konsummoral dort, Arbeitsmoral hier, kein Übergreifen des Lebensstils von einem Bereich in den anderen. Die Profite der Unternehmen sind ja doppelter Herkunft: Betrachten Unternehmer und Wirtschaftsführer die Welt unter dem Gesichtspunkt ihres *Absatzes*, so befürworten sie irrationelle, triebhafte, auf Entfesselung von Bedürfnissen gerichtete Verhaltensweisen, halten den Reizhunger der Bevölkerungsmassen auf hohem Niveau und sehen ihr Heil in fortwährender Steigerung von Bedürfnissen, die über den Markt zu befriedigen sind. Betrachten sie aber die Welt unter dem Gesichtspunkt der *Produktion*, so fordern sie – von ihren Arbeitern und Angestellten – ein hohes Maß an Arbeitsmoral, Verzichtsbereitschaft und industrieller Disziplin. Bürgerliche Tugenden der schonenden Behandlung, der Hege und Pflege sollen nach wie vor auf den Besitz des Unternehmers, nämlich auf Produktions-Einrichtungen (auf akkumulationsfähige Waren), angewendet werden, dagegen nicht mehr auf den (nicht-akkumulierbaren) Kleinbesitz der unmittelbaren Produzenten. Er soll seine Güter rasch verschleißen.

Die ›Rückbildung des Pflichtgefühls‹, der ›Verfall der Disziplin‹ werden daher in vielen Veröffentlichungen der Unternehmerseite lautstark beklagt. CDU/CSU-Politiker und CDU-Wirtschaftstage erklären, ›Eigentumsbildung in Arbeitnehmer-Hand‹ erfordere nicht etwa einen Strukturwandel der Gesellschaft, keinen Profitverzicht der Unternehmer, sondern in erster Linie

– was wohl? Selbstverantwortung und Verzichtsbereitschaft auf der Seite der ›Arbeitnehmer‹. Die gleichen Personen geben hohe Summen für Absatz- und Verkaufsförderung aus und alarmieren ihre Strategen vor allem dort, wo der Käufer einmal sein Geld in der Tasche behält, statt es kontinuierlich auszugeben. Diese Widersprüchlichkeit von Konsum-Moral einerseits (als Entfesselung von Bedürfnis und als Sexualisierung), von Arbeitsmoral andererseits (als Disziplinierung und Desexualisierung des Arbeitsinstruments ›Mensch‹) spiegelt sich in *allen* gesellschaftlichen Bereichen wider.

Die Zunahme von Eigentumsdelikten als Riß in der Massenloyalität verweist mithin auf Momente der Selbstzerstörung bürgerlichen Verkehrs: die Absatz-Interessen der profitorientierten Unternehmen, der Markt des Kapitals lösen soziale Haltungen auf, die im Bereich der *Produktion* und unter dem Gesichtspunkt unangefochtener Herrschaftsordnung ganz unentbehrlich zu sein scheinen; sichern *sie* doch Arbeitsmoral, Disziplin auch bei sinnlosen Verrichtungen, Unterwerfungs-Bereitschaft und Lenkbarkeit. Es schwindet zusätzlich das Vertrauen auf die Haftfähigkeit und Belastbarkeit der über Erziehung und Schule gesetzten Verhaltensnormen. Die Inhaber von Herrschaftspositionen fürchten wohl auch, daß Kritik am *gegenwärtigen* System der Staats- und Wirtschaftsordnungen auch dann solche Auflösungs-Erscheinungen befördern könnten, wenn sie auf ein *anderes* (in sich nicht weniger normativ geregeltes) Gesellschaftssystem hinzielen. Bildlich gesprochen: Die Grenzen zwischen DKP und Anarchismus verwischen sich da. Sicher ist, daß alle Stabilisierungsbemühungen der Staatsgewalt und das Interesse der Bourgeoisie zu Restriktionen im Bereich der Bildungsprozesse von Bewußtsein führen, *Linke* sind da unerwünscht, sie könnten Sand im Getriebe sein, sie könnten vor allem das *politisieren,* was sich im Bereich der Massenloyalität wie naturwüchsig abspielt.

Es ist gerade die revolutionäre Intelligenz in der Bundesrepublik gewesen, die in der Hälftung des menschlichen Daseins in eine Erwerbssphäre und eine Privatsphäre *eine* wichtige Bedingung für die politische Apathie großer Bevölkerungsmehrheiten gesehen hat. Nicht etwa die Zunahme der Eigentumskriminalität schlechthin, aber der gesellschaftliche *Zusammenhang,* in dem diese Zunahme steht, zeigt ja, daß diese Hälftung nicht mehr voll funktioniert. Es besteht die Gefahr, daß abhängig Beschäftigte das Objekt ›Arbeitsmittel‹ auch nicht anders behandeln, daß ihre Arbeitsmoral sinkt, daß sie auch dort in Fragen der Eigentumsgrenzen lässiger werden.

Wir können diesen Aspekt der ›Massenloyalität‹ nicht verlassen, ohne einen Blick auf die Zunahme von *Gewalttätigkeit* zu werfen. Die Lektüre von Zeitungen lehrt, wie und wo rohe Gewaltförmigkeit in die zwischenmenschlichen Beziehungen zurückkehrt: überwiegend als eine in ihrer Erscheinungsform privatistische, individuelle. Auch darin zeigt sich ein Riß im Unterwerfungsverhalten des durchschnittlichen Bürgers. Die Ursachen hätten wir nicht zuletzt in der rohen Gewaltförmigkeit zu suchen, mit der *Staaten* ihre ökonomischen und politischen Interessen verfolgen, die von Aimé Césaire genau analysierte Verwilderung der imperialistischen Nationen. Der *Vietnam*krieg hat mehr für das Ansteigen der Gewalt-Kriminalität unter den Bürgern der USA getan als seinerzeit die Prohibition nach dem 1. Weltkrieg. Im Fernsehen übt X-Y-Zimmermann der Bevölkerung das Denunzieren Verdächtiger ein. Doch uns hat hier ein anderer Zusammenhang zu beschäftigen. *Weil* Regierungen und Staatsgewalt mit dem Problem der Gewalt nicht mehr umgehen, es nicht rational behandeln können und *weil* eine Verminderung von roher Gewaltförmigkeit im zwischenstaatlichen Verkehr wie innerhalb der bürgerlichen Verkehrsformen tiefgreifende Änderungen in der ökonomischen Struktur der Gesellschaft und ihres Herrschaftssystems voraussetzte, die man gerade à tout prix verhüten will, *kann* die Staatsgewalt hier gleichsam nur ablenken, eine ›Ursache‹ erfinden – und dafür nützt sie die Situation der ›Linken‹ aus. Diese Ablenkung auf die Linke und ihre Ausnützung ist unschwer möglich, aus wenigstens drei Gründen.
Wenn sich ein Gesellschaftssystem wie etwa das parlamentarisch-demokratisch verfaßte erst einmal gewaltsam hergestellt hat: in Bürgerkrieg, Enthauptung von Königen und zwischenstaatlichem Konflikt, dient seine Macht von da an der *Sicherung*. Solange niemand von ihm einschneidende Veränderungen fordert, so lange meint es, friedlich zu bleiben und friedfertig zu sein. Die *Linke* vereinigt nun durchaus unterschiedliche Ansichten darüber, ob ein Übergang zur sozialistischen Gesellschaft gewaltfrei möglich sein würde oder ob nicht. Die Betrachtung der *Geschichte*, aber auch die Unfähigkeit gerade *dieses* Systems, seine und unsere Probleme vernünftig zu lösen, und die Hartnäckigkeit, mit der Besitz- und Profit-Interessen verteidigt werden, gibt jedenfalls zum Zweifel an der Chance gewaltfreier Gesellschafts-Veränderungen Anlaß. Nun genügt schon die theoretische Formulierung dieses Zweifels, um den Warnungsruf des gegenwärtigen Systems: ›Hier droht Gewalt!‹ auszulösen. Es verschweigt bei der Betonung seiner eigenen Wohlständigkeit und Friedlichkeit freilich die Millionen von Toten, die von den

großen Kriegen des imperialistischen Zeitalters verschlungen worden sind. Die Toten haben keine Stimme, und daß das Kapitalverhältnis einerseits, Kriege andererseits etwas miteinander zu tun haben, auch die Ausrottungspolitik des Faschismus mit dem kapitalistischen System, um es höflich auszudrücken, wird an den Schulen und Universitäten nicht gelehrt.

Ein zweiter Grund für die Chance, die Linke als Ablenkung und Sündenbock auszunützen, liegt in der sehr unterschiedlichen Behandlung des gewiß quälenden Problems der ›schmutzigen Hände‹, um J. P. Sartre zu zitieren. Gewiß gelangen ab und an Nachrichten über Skandale in die Presse, in die Mitglieder großer Parteien oder Abgeordnete verstrickt sind, aber im ganzen wird doch von Politik, Verwaltung, Herrschaft ein sehr moralisches Bild gegeben. Es gibt innerhalb der Linken durchaus Gruppen und Köpfe, die diesen Schleier von Wohlständigkeit und Moral zerreißen – *nicht*, um den ›Herrschenden‹ etwas am Zeug zu flicken (obwohl auch diese Absicht eingeht, warum auch nicht?), sondern weil sie, die Linken, meinen, man müsse gesellschaftliche Verhältnisse schaffen, in denen Politik endlich nicht mehr zwangsläufig dazu führt, sich die Hände schmutzig zu machen. Wird Gewalt dafür geschichtlich unentbehrlich werden? So der Frager. Gereizt lassen die Inhaber von Herrschaftspositionen den Ruf ›Haltet den Dieb!‹ erschallen.

Ein dritter Grund mag in der Problematik des ›Widerstandsrechts‹ gesehen werden. Ein Widerstandsrecht wird von Vielen für die Epoche des Faschismus zugestanden, von Einigen gefordert – schon aus naturrechtlichen Begründungen, wegen der Würde des Menschen und der Verpflichtung zu aufrechtem Gang. Während des *Dritten Reichs*, so sagt man mit Recht, war unschwer zu erkennen, was wirklich der Fall war: Unmenschlichkeit als das Prinzip des Staats. Hier wäre freilich daran zu erinnern, daß ein großer Anteil der deutschen Professoren, Rektoren, Studenten, Lehrer *nicht* gewußt, nicht gesehen, nichts erkannt, sondern zugestimmt, gefeiert, abgeleugnet oder verdrängt hat. Doch ist es nichts als Schlagwort, als Täuschung, wenn heute jemand von ›Elementen offenen Faschismus‹ redet – oder von Rechtsstaatlichkeit, von Demokratie in den klassischen Bedeutungen dieser Termini. Es ist heute viel schwerer, den Zusammenhang dessen, was in den Nachrichtennetzen der Massenkommunikation zirkuliert und was sich strukturell an politischer Herrschaft und wirtschaftlichem Interesse verfilzt, auf das hin zu durchstoßen, was sich *wirklich* in unserem Lande entwickelt.

Da verändern sich Demokratien in ihrem Herrschaftsapparat und ihren Steuerungstechniken so, daß zumindest Teilziele demokratisch zu realisieren sind, für die man früher offenen Faschismus benötigte. In der Tendenz: Ausschaltung der Massen aus der Politik, Verhinderung der Emanzipation der Arbeiterklasse, Restriktion in den Bildungsprozessen von Bewußtsein und die Chance, mit staatlicher Hilfe gute Geschäfte zu machen, d. h. den Fortbestand von Ausbeutung zu garantieren, wenn auch etwas vergoldet; Aufrüstung und stillere Unterstützung diktatorischer Regimes in Europa und in fernen Kontinenten; Unterdrückung kommunistischer Politik und Organisation – in der Tendenz also nehmen Staatsgebilde wie die USA oder die BRD längst Züge des griechischen, spanischen oder portugiesischen Regimes an, aber sie leisten dies sozusagen hinter der Hand, formell bleiben demokratische Verfassung und Rechtsstaatlichkeit weitgehend, wenn auch keineswegs total, erhalten.

Es wäre für Viele leicht und für uns alle bequem, wenn wir diese Involution der Demokratie als ›faschistisch‹ bezeichnen könnten, aber wir würden damit nicht nur behaupten, was niemals stimmt, wir würden gerade damit *ein* wesentliches und schwer zu fassendes Strukturmerkmal einiger parlamentarisch-demokratischer Staaten verdecken: daß sie sich in einer letztlich verhängnisvollen Weise organisieren, die nicht nur den Faschismus überflüssig macht, sondern Demokratie suspendiert. Die Unterdrückung aller Kräfte, die auf geschichtsangemessene Veränderungen in dieser Gesellschaft hinwirken, findet ihre noch weitgehend legalistische Gestalt. Die parlamentarische Demokratie, in deren zweite Involutionsphase wir jetzt eingetreten sind, läuft auf *Ziele* zu, die denen des Faschismus in *einem* Strukturmerkmal gleichen: im Zusammenhang unseres Geschichtsverständnisses erfüllen beide politische Systeme die Funktion, die Fortdauer der kapitalistischen Produktionsweise zu sichern. Worauf es mit der parlamentarischen Demokratie in ihrer Involution hinauswill: Fortdauer der Ausbeutung, Ausschaltung der Massen aus der Politik, Verhinderung der Emanzipation der Arbeiterklasse, dahin tendiert der Faschismus auch. Ganz anders auf der Ebene des *Selbstverständnisses*: der bewußten Ziele und Absichten – da werden wir bei einem Vergleich der Regierungsgewalt und der staatstragenden Parteien mit dem offenen Faschismus des ›Dritten Reichs‹ große Differenzen auffinden, die auch durch einzelne, selbst prominente Personen nicht vom Tische gewischt werden. Schließlich ist die Differenz groß auch in den *Methoden*: da besteht ein Unterschied zwischen Faschismus und unserer Involutions-Demokratie. Was zwischen 1933 und 1945 als Diskussion öffentlich undenkbar war, ist heute möglich, freilich eher halböffentlich: Die Absperrung von der hochtechnisierten, kapitalfixierten Öffentlichkeit der Massenmedien verweist die Linke heute auf beschränktere oder spontane Öffentlichkeit (Bücher, Zeitschriften, teach-ins). Diese Ab-

sperrung vollzieht sich im Rahmen der Legalität, hat aber, als Methoden-Differenz, dennoch einige Konsequenzen für die Inhalte der Politik und für ihre Entfaltung. *Noch* lassen die Involutions-Demokratien, noch läßt uns die *BRD* eine gewisse Chance, die Kontinuität der bürgerlichen und der proletarischen Revolution fortzuschreiben.
Die Rückkehr von *Gewaltförmigkeit* in der Regelung sozialer Prozesse in eine Involutionsdemokratie macht sie nicht zu einem faschistischen Régime. Der Versuch, Marxisten und Sozialisten ins Ghetto zu drängen und sie auszuschalten, macht die BRD – auch wenn dabei ihre ›Rechtsstaatlichkeit‹ sich aushöhlt – nicht zu einer Parallele des Nationalsozialismus.
So wie kein Teilhaber an der Regierungsgewalt sein Selbstgefühl darauf aufbauen dürfte, daß die BRD nicht faschistisch ist, so wird kein Marxist darin irgendeinen Grund zur Ruhe oder Hoffnung sehen. Rom wurde nicht nur nicht an *einem* Tage zerstört, es führten auch viele Wege zu seiner Zerstörung.

V. Innerstaatliche Feinderklärung – Warum nach ›links‹?

Für die sich so obsolet werdende Regierungsgewalt, die Macht ausübt und dennoch nicht(s) mehr steuert, die in grundlegenden Problemen längst abhängig geworden ist, und im Inneren nicht einmal mehr mit dem reflexartigen Unterwerfungsverhalten der Bevölkerung unter Gesetze und Normen problemlos rechnen kann – sie soll mit einem Male auf lokale und subregionale Aktivitäten antworten können, worauf sie nicht eingerichtet ist, und kann, scheint es, nur noch *autoritär* reagieren. Indem sie die ›Linke‹ als den absoluten Feind setzt, konstituieren sich Regierungsgewalt und Staat erneut als ›absolut‹ und entwickeln an diesem innerstaatlichen Feind die Instrumente der Restriktion im Bereich der Bewußtseinsbildungsprozesse und die Apparate außerökonomischer Zwangsgewalt. Daß sich der Staat und daß sich die Bourgeoisie über das Setzen eines ›absoluten Feindes‹ zu fassen, Massenloyalitäten zu erzwingen oder zu garantieren suchen, macht die Härte der gegenwärtigen Offensive gegen die ›Linken‹ aus.
Die Frage: Warum gerade die Linken, und warum gerade – so bevorzugt – im Bereich der Bildungsprozesse von Bewußtsein, klingt töricht. Haben wir nicht Belege dafür erbracht, daß die Epoche allseitiger, weltumspannender Interdependenzen, der Gehlenschen ›Superstrukturen‹, bereichsweise eine neue Zentrierung der einzelnen auf Lokales und Regionales erbracht hat, und daß dies zu Mobilisierungen der Bürger führt, die sich von ›links‹ könnten politisieren lassen? In Subregionen und Gemeinden liegen Zonen möglicher Aktivität, die von den überregional oder gar national gegliederten Organisationen, Verwaltungen usw. nur schwer in Kontrolle genommen werden können. Im Bereich ihrer primären Erfahrung: Betrieb, Wohnviertel, organisiert sich auch die Spontaneität der streitbaren Lohnabhängigen. Das System funktioniert nicht gerade gut, Störungen werden die Regel; von einem gewissen Ausmaß der Dysfunktionalität an könnte der unbewußte oder doch ungewußte Respekt vor der Funktionalität und Komplexität des gegenwärtigen kapitalistischen Systems einmal rasch verschwinden, was erneut die revolutionäre Linke begünstigen sollte. Aber mit den Analysen in Teil IV haben wir vor allem die Frage beantworten wollen: warum die innerstaatliche Feinderklärung gerade heute? Warum sie die Linke, nicht zuletzt die Neue Linke, betrifft, hat strukturelle Gründe, die vom je besonderen Gang der Ereignisse relativ unabhängig sind.

1. Die ›Ostverträge‹ – Vorwand mit rationalem Kern

Beginnen wir mit einem vom konservativen Block oft genannten, wenngleich wohl mehr psychologischen Grund: der Auseinandersetzung über die Ostverträge. Nach Ansicht des ›Rheinischen Merkur‹ betrachtet die radikale Linke (d. i. nicht zuletzt die Linke an Hochschule und Universität) die Ostverträge als »Selbstfahrlafette zur gesellschaftspolitischen Anpassung der Bundesrepublik an das rote Ostimperium«.[1] (Es mag sein, daß mancher Genosse in den Vertragsbemühungen der sozialliberalen Koalition in der Tat eine Chance für die Verringerung des Drucks auf die Linke gesehen hat – ein Irrtum, wie man schon seit langem prognostizieren konnte.) Die ›F.A.Z.‹ sah gleichfalls die Gefahr, »daß die Verträge mancherorts als außenpolitische Ergänzung zu einem einzuleitenden innenpolitischen Wandel in Richtung Sozialismus aufgefaßt (werden)«. Die Frankfurter Konservative fährt fort: »Es wäre gut, wenn die maßgeblichen Politiker der Koaliton sich veranlaßt sähen, immer wieder deutlich zu machen, daß der Versuch zu einem modus vivendi mit dem Osten nichts, aber auch gar nichts mit einer Aufweichung unserer freiheitlichen Ordnung auch nur in den Randzonen zu tun hat.«[2] P. Boenisch unterstellt W. Brandt, in ›Bild am Sonntag‹, dieser sei mehr als nur russenfreundlich, er unterstütze Teile ihrer Politik, weil er sich irgendwann einmal für die Verstaatlichung der Großbetriebe und für die Oder-Neiße-Grenze ausgesprochen habe. Die Ostverträge erscheinen ›Bild‹ (oder Axel Springer) als eine Art cäsarischen, allerdings friedlichen, Versuchs, von Spanien aus Rom zu erobern. Was geschieht denn wirklich?

Die Bundesrepublik beginnt, ihre Beziehungen zu Staaten des Warschauer Pakts vertraglich besser zu regeln – eine Formulierung, die nicht ohne Absicht den Terminus »mit sozialistischen Staaten« vermeidet; nicht weil wir unterstellen, jene seien keine, sondern weil der Ostvertrag eben den Staaten, nicht den Systemen, gilt. Was allgemein (und anteilweise falsch) als ›Entspannung‹ zwischen den Systemen, kapitalistischen und sozialistischen, bezeichnet wird, bedeutet nichts weiter, als daß wirtschaftliche, kulturelle und politische Beziehungen der BRD zur UdSSR (und zu anderen Staaten des Warschauer Pakts) auf eine z. T. entwickeltere, z. T. noch sehr wenig anspruchsvolle, einfache, immer aber überlieferte und normale Form zwischenstaatlicher, internationaler Verhältnisse gebracht werden sollen. Im Grunde gestalten nicht etwa wir unsere Beziehungen zum Sozialismus neu, sondern wir entschlossen uns, sozialistische Staaten *als* Staaten auch formell zu akzeptieren (und wollen von ihnen, daß sie mit uns das gleiche tun); gewisse völkerrechtliche Fortschritte in solcher Politik sind üblich. Im Gegensatz aber zu Ländern wie Großbritannien, Frankreich oder Italien, dagegen ähnlich wie in Ägypten und vergleichbaren Staaten, geht diese neue Auffassung und Vertraglichkeit in der Bundesrepublik mit Repression im Inneren einher. In den Ländern wie Ägypten, Indonesien, Sudan usw. hat sich ja oft die bloße Herstellung üblicher Vertraglichkeit in den zwischenstaatlichen Beziehungen mit Staaten des Warschauer Pakts mit einer verschärften Unterdrückung linksoppositioneller und kommunistischer Kräfte im eigenen Lande verknüpft.* Und ähnlich, in der Tendenz, auch in unserem Lande, der Bundesrepublik. Dieses, daß die Formel: Koexistenz bedeute zugleich Stillstellen des Klassenkonflikts und Unterdrückung der ›Linken‹ im Inneren, in der BRD in breiter Front artikuliert wird; daß die Absicht, teils normale, teils entwickelte, konventionelle Beziehungen zu den Oststaaten aufzunehmen (und es ›Entspannung‹ zu nennen), sich mit der Tendenz liiert, im eigenen Lande alles zu unterdrücken, was an Kommunismus, Sozialismus, Marxismus oder Anarchismus etwa vorhanden wäre oder daran erinnert, wird mit der Existenz der Deutschen Demokratischen Republik zusammenhängen – für viele Personen und Gruppen bemerkenswerter und törichter Weise ein ›nationales Problem‹ (und kein üblich-zwischenstaatliches).

Damit wollen wir nicht ausschließen, daß in die innerstaatliche Feinderklärung gegen ›links‹ noch andere Faktoren eingehen: Wir nannten bereits den Umstand, daß die BRD größere Anteile des Beamten- und Verwaltungsapparats aus der Epoche des Faschismus übernommen hat, was den Antikommunismus zum Prinzip der Loyalität des Beamten macht. Es gibt bei uns antikommunistische und antiliberale Traditionen, die es schon einmal geschafft haben, unsere Universitäten frei von Marxisten und fast frei von Psychoanalytikern zu halten (und noch dazu frei von Zwölftönern – da ist die BRD toleranter). Sicherlich existiert in unserem Lande auch eine Überlieferung autoritärer Handlungsstile, von jeder Krise leicht aktualisiert.

Der wesentliche Grund für den Zusammenhang zwischen Vertraglichkeit dort (nach außen), innerstaatlicher Feinderklärung hier (nach innen) ist primär einer politischer Psychologie: Wenn die Figur des außerstaatlichen absoluten Feindes entfällt, weil ein Feind, mit dem man völkerrechtlich entwickeltere zwischenstaatliche Beziehungen aufnimmt, eben kein *absoluter* mehr sein kann, und wenn dann noch – nach dem Verständnis der Rechten, der Konservativen und Reaktionäre – eine Agentur des Feindes in der Form eines mächtigen Industriestaates, der DDR, im Sprach- und Handlungsraum der Nation liegt, regrediert der Staat (im Zeichen seiner aufkommenden inneren Schwäche) auf die Erklärung der eigenen ›Linken‹ zum absoluten, innerstaat-

* Hier ist natürlich nur – abseits aller sozial-ökonomischen Unterschiede – von Ähnlichkeiten in der äußeren Erscheinung die Rede.

lichen Feind. Man kann das auch als »Abgrenzungsbedürfnis« bezeichnen.
Diese Regression wird durch Gerüchte gestützt, wie sie seit jeher zum Inventar der ›rechten‹ Agitation gehören. Was in den Gazetten herumgeht (und vom Bund ›Freiheit der Wissenschaft‹, von ›rechter‹ SPD, von CDU und CSU propagiert wird), die Vermutung der *Unterwanderung* des Apparats, der subversiven *Verschwörung*, der *Aushöhlung* von Institutionen, der Machtübernahme ›von innen‹, die These von den *Fremdeinflüssen* (»Ulbrichts Freunde« nannte der ›Rheinische Merkur‹ z. B. die Autoren dieses Buchs, die R.A.F. und die DKP) in ihrer Koppelung mit dem Vorwurf des *Terrorismus,* der Arbeitsscheu, des Parasitären – all dies reproduziert sehr genau das Feindbild ›Bolschewismus‹ der Nationalsozialisten oder des ›Kommunisten‹ Mc Carthy'scher und Goldwater'scher Prägung in den USA. Das Syndrom ist gleichsam zwischen innerem und äußerem Feind verschiebbar. Auch ein Ernest Mandel wird dabei zur *Fünften Kolonne* des Weltbolschewismus, obwohl die SEW ihm Antikommunismus bescheinigt.
Das, was hier Angst und Aggression auslöst, ist dennoch nicht nur manipuliert, ein Effekt ›rechter‹ Agitation, und jetzt erst erreichen wir einen strukturellen Grund dafür, daß die Linke zum ›Staatsfeind‹ wird. Die Neue Linke in der BRD hat mit den sozialistischen Staaten eines gemeinsam – wenn auch noch oft von der empirischen Wirklichkeit sozialistischer Politik verstellt: die *alle* bürgerlichen und industriellen Gesellschaften umwälzende und ihre nationalstaatliche Organisation unterlaufende Hoffnung auf die Emanzipation der Arbeiterklasse und, über die permanente Revolution, auf eine einstige klassenlose Gesellschaft, den ›Verein freier Menschen‹. Für die, denen die Klassengesellschaft und die Nationalstaaten *alles* sind, die Welt ihrer Tradition und Zukunft, für die geht die Welt in solchen Hoffnungen unter.

2. Der Mythos des ›sozialen Friedens‹

Innenpolitisch gibt es für dieses Problem vertraglich geregelter, zwischenstaatlicher Beziehungen zwischen den Staaten der NATO und denen des Warschauer Pakts eine von Psychologie freie, für den Bestand der kapitalistischen Gesellschaften in ihrer (widersprüchlichen) Form der nationalstaatlichen Organisation in der Tat fundamentale Entsprechung. Ungeachtet nämlich der wachsenden Streik- und Protestbereitschaft unter den Lohnabhängigen, ungeachtet zahlreicher Erscheinungen in der Erwerbssphäre, die wir als ein *Aufflackern der Klassenkämpfe* bezeichnen können, muß die parlamentarische Demokratie daran

festhalten, daß die Beziehungen zwischen den Unternehmern einerseits, den Lohnabhängigen andererseits nach einem innerstaatlichen Modell vertraglicher Beziehungen geregelt bleiben.
Diese Regelung vollzieht sich mit Hilfe des Arbeitsrechts und über zwei mächtige gesellschaftliche Gruppen: die Verbände der ›Arbeitgeber‹ einerseits, die Gewerkschaften andererseits. Ihre Tarifhoheit besiegelt die staatlich gestützte und institutionalisierte Vertraglichkeit der integrierten Beziehungen zwischen Kapital und Lohnarbeit. Hier finde die Anmerkung Platz, daß sich im Zeichen der Suspendierung des Klassenkonflikts im sozialen Frieden die Lage der arbeitenden Bevölkerung zwar gegenüber weiter zurückliegenden Jahrzehnten individuell verbessert hat, daß die latente (und manchmal schon offengelegte) Krise dieser ›Vertraglichkeit‹ jedoch nicht allein die Folge der nur mühsam gezügelten Profit-Interessen der Unternehmen (oder der paternalistischen Struktur bestimmter staatlicher Betriebe) ist, sondern durchaus auch die Folge der sich erneut intensivierenden Ausbeutung der Arbeiter und Angestellten.
In besser qualifizierten Berufstätigkeiten, wie sie der technologische Fortschritt einbrachte, stoßen Ärzte und Arbeitswissenschaftler auf Symptome vorzeitiger psychophysischer Erschöpfung, die zum Absinken des durchschnittlichen Invaliditätsalters beitragen. Unterhalb dieser privilegierten Zone wird häufig das Ausmaß an Härte und Entwürdigung unterschätzt, das bereits mit der Normalität bürgerlichen Lebens in dieser Gesellschaft verbunden ist. Sogar die durchschnittlichen, üblichen Bedingungen, unter denen die überwiegende Mehrzahl der Berufstätigen dieses Landes arbeitet, bleiben trotz aller betriebsinternen Veränderungen und der Reduktion der täglichen Arbeitszeiten während der vergangenen Jahrzehnte im Kern inhuman; daß das so wenig bemerkt wird, oft nicht einmal von den Betroffenen selbst, gehört mit zu ihrem Unglück. Noch immer klagen namentlich jüngere Arbeiterinnen zu recht, sie seien in die Sklaverei verkauft. In bestimmten Produktionsbereichen hat sich die ›erfahrbare Ausbeutung‹ (Arbeitstempo!) intensiviert.
Nach wie vor drückt die wirtschaftliche *Unsicherheit* auf das Bewußtsein und Verhalten der Arbeiter und verstärkt den Charakter latenter Sklaverei. Längere Krankheit, Kinderreichtum, Stellungsverlust, Stillegen von nicht mehr rentablen Betrieben, Produktions-Umstellungen, konjunkturelle Schwankungen werden zu ebenso vielen Quellen von Verunsicherung und Sorge – unentrinnbar. In diesem trüben Milieu der Unterwerfung vieler unter einen gesellschaftlichen Zustand, der ihre Expropriation menschlich verschärft, während er sie teilweise materiell verschleiert; der ihnen Autonomie versagt, während er sie füttert, und sie doch auf immer von den Privilegien der entwickelten

Nation ausschließen will – in einem Milieu, in dem im breiten Stile Angsterweckung, Brutalität, soziale Kontrolle als Herrschaftsmittel im Schwange sind, bleibt der »soziale Friede« wesentlich eine Begünstigung des Kapitals.

In diesem gesellschaftlichen Bezugsrahmen verändert sich der Stellenwert von *Spontaneität* unter Arbeitern: das Verhältnis, in das wilde Streiks und Proteste zu den Organisationen der Arbeiterschaft eintreten, nimmt die Form der Entlarvung an – Spontaneität treibt, wo immer sie vorkommt, reaktiv den Ordnungsauftrag der Gewerkschaften und Arbeiterparteien prägnant hervor. In der geregelten Organisierung von den Apparaten her soll Spontaneität erneut den Strategien sozialer Integration unterstellt werden; soziale Integration, die in der für den organisierten Kapitalismus typischen öffentlichen Form des »Sozialen Friedens« alle revolutionär-emanzipativen Tendenzen abweist, ja tendenziell vernichtet. Die Bedeutung der »wilden Streiks« liegt in ihrer Lehre: sie zeigen, daß die sozial-integrativ wirkenden Gewerkschaften, selbst Produkte eines stillgelegten Klassenkampfs, Spontaneität bereichsweise nur noch unzulänglich binden, und daß sich die gesellschaftliche Substanz der Arbeitskonflikte restituiert.

Das tief Unversöhnliche also, das sich dem aufmerksamen Betrachter als Kern des ›sozialen Friedens‹ enthüllt, impliziert immer die Möglichkeit des *Massenausbruchs* aus der gegenwärtigen, formellen Regelung des Klassenkonflikts. Umso stärker soll aber der Druck auf alle politischen Gruppen und Köpfe werden, die gegenüber dieser Vertraglichkeit in den Beziehungen zwischen Unternehmern und Lohnabhängigen, die gegenüber der staatlich und institutionell abgesicherten Vertraglichkeit der Beziehungen zwischen Ausbeutern und ausgebeutetem, unmittelbarem Produzenten auf einer *Rekonstruktion von Klassenbewußtsein* und auf ihrer Kapitalismuskritik bestehen; die sich mit der Absicht tragen, alle Konflikte der sich – über ihre Organisationen nur innerhalb eben der Vertraglichkeit – streitbar gegenüberstehenden Klassen heute und künftig im Sinne einer Umverteilung von Eigentum (an den Produktionsmitteln) und der Einflußchance zu führen. Die Emanzipation der Arbeiterschaft als *Klasse* soll nach dem Willen des politischen Systems nicht stattfinden.

Die innerstaatliche Feinderklärung nach ›links‹ dient der Ausscheidung und Ausmerzung von fundamental-oppositionellen Tendenzen; sie dient der *Trennung* – oder richtiger: der Verewigung der Trennung, zwischen Handarbeitern und Kopfarbeitern, Werktätigen und oppositioneller Intelligenz. Man befürchtet etwas von der Möglichkeit, sozialistische Intelligenz könne etwa Anschluß an Arbeiter und andere Lohnabhängige finden: Dann würde möglicherweise im Inneren des Staats der Klassenkonflikt unüberhörbar produziert und der Mythos von der Vertraglichkeit in den Beziehungen zwischen den formell gleichen Partnern, zwischen Kapital und Lohnarbeit, zerstört werden. Die *Organisationen* der Lohnabhängigen, die Gewerkschaften, bleiben von dieser Auseinandersetzung nicht unberührt, wie sich ja auch in den ›Jungsozialisten‹ (»Juso's«) und damit innerhalb der SPD linke Tendenzen der beschriebenen Richtung zeigen. Strauß schloß daher in sein im Oktober 1971 (auf dem CSU-Parteitag) proklamiertes Feindbild nicht nur »alle linksradikalen Organisationen« ein, die, wie er meint, wie Unkraut aus dem Boden schießen, sondern auch »die überwiegende Mehrheit des DGB« und, natürlich, »Teile der Publizistik«.

3. Bildungsprozesse von Bewußtsein

In der ›Linken‹ trifft die innerstaatliche Feinderklärung jenen Personenkreis, der an dem gerade skizzierten Typus von Vertraglichkeit (zwischen Lohnarbeitern und Kapital) rüttelt; der alle beschriebenen Mobilisierungen in der Bevölkerung politisieren und gegenüber der Gegenaufklärung gewisse liberale Traditionen retten könnte; eine Personengruppe, die dem Staat seine Handlungs- oder Steuerungsschwäche auf den Kopf zusagt. – Warum aber ein ›Berufs‹- und ›Berufungs‹-Verbot? Weil die Linke noch dazu einen Arbeitsbereich fand, dem die überlieferten Techniken der sozialen Integration nicht recht gewachsen, weil eben dafür nicht gemacht sind: die Schulen und Universitäten.
Die *allgemeine Schulpflicht* war schon immer auch eine der Sozialtechniken der Klassengesellschaft, der Arbeiterklasse die Emanzipation zu erschweren oder zu verweigern. Die Selektionssysteme der Schulen zeigen, daß hier mit der Vermittlung unentbehrlichen Grundwissens (und Haltungen von Arbeitsmoral, Gehorsam, Anpassung) eine Institution geschaffen wurde, die den Aufstieg der über ihre Lage beunruhigten oder nach ihrer Änderung verlangenden Bevölkerungsteile verhindert und es zuläßt, die Lernfähigen abzuweisen. Doch ›integriert‹ wird in den Schulen über die Klassengrenzen hinweg. Zu viele Menschen erfahren unsere Gesellschaft als eine voller Ungerechtigkeit und Härte, ahnen kaum, wo sie selbst dazu beitragen – gerade durch Fügsamkeit, *nicht* revolutionäre Unruhe –, und müssen zugleich die Frage nach den wahren Ursachen des Zustandes vernachlässigen oder verdrängen. Die Einübung in diesen Zustand beginnt früh: in der *Schule*, also unter den sozialen Bedingungen von Macht und Ohnmacht. Dort lernen die Kinder Angst und die Bedeutung der Disziplin (als Bereitschaft zur

angestrengten Ableistung sinnloser Tätigkeiten) kennen; man lehrt sie, was sie als Arbeitende und Verbrauchende an Fähigkeiten und Fertigkeiten benötigen. Die Fähigkeit der Vernunft, gegen Unterdrückung tätig zu sein, die erwerben sich Kinder hier nicht.

Und auch an den höheren Lehranstalten und Universitäten soll der *Kopflanger* gebildet werden – überdies die prinzipiell entpolitisierte wissenschaftliche Arbeitskraft, die daran gewöhnt wird, politische, soziale Probleme auf technische Verfahrensweisen und Denkmodelle hin zu reduzieren. Da setzt die Kritik der ›linken‹ Lehrer und Professoren an. Aber sind Lehrer an Schulen und Hochschulen, Wissenschaftler und Studenten, falls sie ›links‹ sind, denn nicht wirklich *radikal*? Die Gegen-Aufklärung macht kein Geheimnis daraus, daß sie ›Radikale‹ namentlich in Fächern fürchtet oder scheut, die man zusammenfassend ›Geistes- und Sozialwissenschaften‹ nennen könnte. Gerade hier wird ihre Radikalität als *Ver*bildung von Bewußtsein, als *Indoktrination* bezeichnet, obwohl sie Bewußtsein gerade *bilden*, die bürgerlich-kapitalistische Indoktrination überwinden will. In der Tat *können* verständige Lehrer an Schule und Universität die Sozialwissenschaften, die Wissenschaften von der Politik, Psychologie, *Gemeinschaftskunde* etc. nichts anders auffassen als in der Weise, daß sie radikale Kritik an dem einbeschließt, was sich uns da als eine so oder so verfaßte Gesellschaft zeigt.*

Warum aber? Wir nähern uns der Antwort über eine Vorfrage: Woran bemißt sich denn solche radikale Kritik? Beispielsweise, in einem ersten Schritt, am Selbstverständnis einer Zeit, so daß, was parlamentarisch verfaßte Gemeinwesen, was soziale Marktwirtschaft als ihr eigentliches *worum willen* ... bezeichnen, in den Vergleich von Norm und Realität, von Anspruch und Einlösung kritisch, d. h. als Meßwert eingeht.

Dieser Vergleich bemißt jedoch nicht nur das, was der Fall ist, an dem, was der Theorie, der Setzung, dem Postulate nach (schon) sein soll; ein häufiges Mißverständnis, das die Radikalität von Kritik verkürzt. Sie beschließt vielmehr die Frage nach den politischen, wirtschaftlichen, sozialen Institutionen, den Prozessen der Meinungs-, Willens- und Entscheidungsbildung mit ein, die der Verwirklichung jener Postulate und vornehmen Absichten dienen sollen – sind denn sie überhaupt dafür *tauglich*, soziale Wirklichkeit den eigenen Postulaten anzunähern? Oder brechen sich etwa viele tragende Momente am Selbstverständnis dieser unserer Gesellschaft insofern im Medium des *Klassen*verhältnisses, als dieses und weil dieses über ihre Institutionen, Steuerungprozesse, Vermittlungen usw. und damit über *das* gebietet, worin die Realität einer Gesellschaft sich herstellt?

* Das fließt sachnotwendig auf Fächer wie Deutsch o. Geschichte über.

Wir sind damit der Antwort auf die Frage: warum ein verständiger Kopf Gemeinschaftskunde, Sozialwissenschaften usw. nicht anders auffassen könne als so, daß sie radikale Kritik am Bestehenden implizieren, näher gekommen. Erst aus dem differenzierten Vergleich von Verfassungs-, Staats-, Wirtschaftsnormen einerseits und der sozialen Wirklichkeit andererseits, unter ausdrücklichem Hinschauen auf das gesamte System von Vermittlungen – Institutionen, Prozessen der Willens- und Entscheidungsbildung, gesellschaftlicher Selektionen (die den Zugang zu Ämtern der Legislative, der Exekutive, der ›3. Gewalt‹ usw. regeln) – durchstößt Kritik den *Schleier*, in den Bestehendes sich hüllt – wobei dann nacktes Klassen-Interesse als unausgesprochenes, wirksames, mindestens: zweites Zentrum aufgefunden wird, aus dem Vieles, was sich so unter uns und in uns einrichtet, sein Leben hat.

Aus solchem differenzierten Vergleich entspringt die Nötigung, das, was *ist*, nicht mehr nur an dem zu bemessen, was dem herrschenden Selbstverständnis (den ›Ideologien‹) nach (schon) sein soll oder doch kurz vor der Tür steht, sondern auch, ja: vor allem die Nötigung, es an dem zu bemessen, was geschichts-angemessen wäre, d. h. sein sollte und bereichsweise durchaus schon sein könnte. Warum? Das ist nicht in einem Satz zu sagen. Halten wir fest: Es genügt nicht, *Normen und Wirklichkeit* miteinander zu vergleichen; es reicht noch nicht aus, obwohl schon sehr viel damit getan ist, zu untersuchen, wo sich die Intentionen einer sich als ›allgemein‹ und ›autonom‹ begreifenden Demokratie im Medium des Klassenverhältnisses derart brechen, daß die staatlichen, politischen, wirtschaftlichen *Einrichtungen und Apparate* zur Verwirklichung dieser Normen und Postulate unter den übermächtigen Einfluß von Klassenherrschaft geraten, sondern die Einrichtungen *und* die Normen (oder ›guten Absichten‹) müssen wir dringend einer Prüfung ihrer geschichtlichen Herkunft unterziehen. Dann findet man wohl, daß die Institutionen wie die guten Absichten (Normen, Postulate) den Integrations- und Herrschaftsbedürfnissen der herrschenden Klassen Rechnung tragen; daß aber die Einrichtungen (politische Institutionen usw.) der Gesellschaft überhaupt am *einst* Möglichen fixiert, zur Verwirklichung des *heute* Möglichen aber untauglich sind. Kurz: Letztlich tragen beide, Normen und gute Absicht wie die Institutionen ihrer Vermittlung, dazu bei, die Herrschaft des Vergangenen über das Lebendige, über die Gegenwart (und Zukunft) zu befestigen.

Der Punkt, wo in der historisch-materialistischen Betrachtung die Kritik am Bestehenden radikal wird, an die Wurzel geht: an die genetischen, geschichtlichen Wurzeln wie an die strukturell geltenden ist erreicht. Wenn, um dies anzufügen, der ›Bund

Freiheit der Wissenschaft‹ durch einige Sprecher darauf besteht, Gemeinschafts- oder Sozialkunde müßten *positiv* werden, so enthält diese scheinbar aufrichtige Forderung – ist denn nicht wirklich so etwas wie Staatsverdrossenheit usw. zu beklagen? – in ihrem harten Kerne ein Denkverbot, weil sie die *Affirmation* an Bestehendes uns abverlangt. Solange ein solches Denk- und Lehrverbot über das Ausspielen besonderer Gewaltverhältnisse, des Beamtenrechts, noch nicht durchgesetzt ist, wird der Frager nach den historischen Wurzeln: des modernen Klassenverhältnisses, der vornehmen Absichten bürgerlicher Demokratie, der Normen, ihrer Institutionen usw. im Laufe seiner Betrachtung immer auf eine Tendenz der *Emanzipation* stoßen, die auch die jüngere Geschichte mit sich führt – das Problem des *Geschichtsangemessenen* stellt sich dem Denkenden mit großer Schärfe. Man nennt dies, weil es unter dem herrschenden Klassenverhältnis seinen realen Ort nicht fand, *utopisch*. Denkverbote und Affirmation: da sollen noch die uneingelösten Hoffnungen früherer Geschlechter unter Strafe gestellt sein. Sie werden erneut vertrieben.

Wer lesen lernt, hat von da an zu allen Büchern Zutritt – nicht nur zur ›Bild-Zeitung‹, auch zu Karl Marx; ein alter Konflikt jeder ›Volksbildung‹, die Herrschaftsverhältnisse unberührt lassen soll. Was wir als ›Massenloyalität‹ bezeichnet haben (S. 81) und was die Machtbasis der Staaten ergänzen muß, wird nicht zuletzt in den Schulen und Universitäten erzeugt. Dort, wo Bewußtseinsstrukturen, Wahrnehmungs-, Denk- und Affektgewohnheiten sich herstellen, wo Sichtweisen, normative Regelungen von ›Alltäglichkeit‹ überliefert werden – wo allererst der kulturelle Zusammenhalt im Sinne des kapital- und herrschaftskonformen ›sozialen Friedens‹ sich ausbilden soll, *dort* wird über das Ausspielen des ›besonderen Gewaltverhältnisses‹, des ›Beamtenrechts‹, für die Aussperrung des kritischen, ›linken‹ Denkens und Lehrens gesorgt.

Wenn es nun eine progressive Kapitalfunktion geben sollte, die auf einer Reform des Bildungswesens aus Gründen der Steigerung von Arbeitsproduktivität usw. besteht, aus Gründen des Profits bessere Ausbildung fordert, so muß gerade *sie* ein Interesse daran haben, Reformpläne solange zum Scheitern zu bringen, als die Gefahr: in Bildungsprozessen noch Bewußtsein kritisch zu bilden, nicht wieder auf einen Wert in der Nähe von Null, als einzig tolerierbares Maß, heruntergebracht worden ist. Und wo es nun doch nicht oder nicht schnell genug gelingt, die ›Linken‹ aus dem Bereich der Bildungsprozesse von Bewußtsein zu vertreiben? Dort muß dann eben der Staat im Bereich der Bildungsinvestitionen vorübergehend seinen Konkurs erklären.

VI. Was können wir tun?

Die Frage, was sollen wir, was *müssen* wir tun? kann auf sehr verschiedenen Ebenen der Analyse gestellt und entsprechend unterschiedlich beantwortet werden. Den Autoren stehen keineswegs alle denkbaren, nicht einmal alle wichtigen Problem-Ebenen offen: Soweit organisatorische, strategische und taktische Empfehlungen (oder gar Beschlüsse) nötig sind, müssen sie aus kontinuierlichen Diskussions-Zusammenhängen Vieler hervorgehen. Insofern reflektieren die folgenden Überlegungen eine relative Isolierung und organisatorische Unverbundenheit mit historischen Emanzipationskräften und -tendenzen; ein Zustand allerdings, der für die verschiedensten Phasen und Gruppierungen aus der Geschichte der Emanzipationskämpfe und der Arbeiterbewegung gut belegt ist. Die Staatsfeind-Kampagne zwingt uns zur Überprüfung und Reformulierung des Verhältnisses von Öffentlichkeit und Illegalität revolutionärer Politik. In der gegenwärtigen Phase ist die Organisation politischer Arbeit nach den Normen illegalen Handelns Identifikation mit dem Angreifer. Die Linke würde an sich selber zum Vollzugsgehilfen des auf ihr lastenden Illegalisierungsdruckes werden: Illegalisierung ist Ziel und Inbegriff der Maßnahmen, die gegenwärtig die Linke treffen. Das heißt nichts anderes als die Isolierung der gegenwärtig in ihrer Gesamtheit organisatorisch unvermittelten Linken von den historischen Konfliktpotentialen. Öffentlichkeit ist gegenwärtig der zentrale Konstitutionszusammenhang sozialistischer Politik und Organisation. Sie kann angesichts der kapitalfixierten der Massenmedien nur eine spezifische sein (vgl. S. 92), die praktische und Übergangselemente in sich aufzunehmen fähig ist.
Daß es gilt, auf Maßnahmen, Programme, Tendenzen der Regierungsgewalt, des Staats, der reaktionären Bourgeoisie rasch zu antworten, auch und gerade analysierend und interpretierend, und die vorläufige Antwort zu veröffentlichen, dessen allerdings waren sich die Autoren sicher. Sonst können sie nicht mehr tun, als wenigstens einige Schlüsse sehr nachdrücklich zu ziehen, die das hier vorgelegte und strukturierte Material – ihres Erachtens – impliziert.

1. Regierungsgewalt und reaktionäre Bourgeoisie geben mit der innerstaatlichen Feinderklärung im Bereich der *Bildungsprozesse von Bewußtsein*, mit Berufs- und Berufungsverbot, zu verstehen, wie *sie* die gegenwärtige Lage und ihre Tendenzen beur-

teilen. Sie meinen offensichtlich, daß marxistische Theorie, Lehre, ›ideeller Nonkonformismus‹ einen veränderten Stellenwert gegenüber früheren Jahren einnehmen: *weil sich die Wirklichkeit wieder nach dem Gedanken drängt.* Wir sollten ihre Einschätzung übernehmen und uns an zweierlei erinnern:

a) So richtig es auch sein mag, daß sich das Positive nur durch Negation, d. h. durch Destruktion des Falschen herstellt, und so wenig wir uns dazu getrieben fühlen, anderen genau auszumalen, ›wie es denn dereinst sein soll‹, wie es in der Welt aussehen wird nach einer revolutionären Umwälzung der Gesellschaft, so sehr wird doch mit dem Anwachsen der Klassenkämpfe eine *ausgearbeitete Alternative* benötigt – nicht nur zum organisierten Kapitalismus, sondern auch zu technokratisch-materialistischen Versionen einer sozialistischen Gesellschaft.

b) Lenin scheint der Ansicht gewesen zu sein, und dies wird in letzter Zeit seltener zitiert, daß eine Theorie uns umso nützlicher sein würde, je *wahrer* sie wäre. Die ›linken‹ Studenten, Assistenten und Professoren, die es vorläufig trotz Springer-Presse, Berufsverbot, Polizeigewalt, Notstandsgesetzgebung usw. immer noch gibt, dürfen deshalb gerade in der Krise, die den Boden erschüttert, auf dem wir stehen, nicht auf die Kraft wissenschaftlichen Denkens, auf die Entwicklung der marxistischen Theorie, auf eine materialistische Aneignung der erscheinenden Wirklichkeit und die Zerstörung des Scheins verzichten. Jetzt, wo wir in unserer Existenz bedroht sind, wo uns Denkverbote, ›Friede in den Köpfen‹, Ordnungs-, Disziplinar- und Beamtenrechte im Kontext einer Explosion bornierten Meinens und Fürwahrhaltens ins Haus liegen, gerade jetzt hätten wir uns umsomehr auf Anstrengung und Lust des Denkens, auf analysierende Arbeit und intellektuelle Durchdringung gesellschaftlicher Phänomene zu besinnen. Marx fordert von uns nicht nur Parteilichkeit, sondern auch die nüchtern-empirische Beobachtungsschärfe des Ethnologen.*

2. Es waren *Bildungschancen,* die es uns ermöglichen, uns die Welt, in der wir leben, kritisch und mit historischen Begründungen anzueignen und ihren Schein zu destruieren. Auch die Befassung mit Theorie ist *Privileg.* Viele von uns sind dieses Privilegs müde, das sich in einer durch die Trennung von körperlicher und geistiger Arbeit charakterisierten Gesellschaft mit der Teilnahme am Prozeß wissenschaftlicher Produktion verbindet. Das Bedürfnis, dieses Privilegs irgendwie ledig zu werden, ist so nachfühlbar wie gefährlich: nachfühlbar, weil wir es den *Nicht*-Privilegierten verdanken, weil wir das Dasein des geistigen Ar-

* Vgl. P. Brückner/A. Krovoza, Was heißt Politisierung der Wissenschaft und was kann sie für die Sozialwissenschaften heißen? Frankfurt (E.V.A.) 1972.

beiters wie Parasiten der unmittelbaren Produzenten führen, und weil das Privileg eine *Distanz* in unsere Beziehungen zur Arbeiterklasse einführt, die Kommunikation wie Interaktion sehr erschwert (und durch Anpassung an Sprache und Gestus des Proletariats nicht zu suspendieren ist); gefährlich ist das Bedürfnis, des Privilegs ledig zu werden, weil es dazu anleiten kann, die erwähnte Distanz zur Arbeiterklasse durch Verpuppung zum unmittelbaren Produzenten oder durch die Regression von politischer Identität auf bloße *Identifizierung* mit dem Proletariat zu beseitigen.

3. Mit theoretischen Anstrengungen oder mit den Anstrengungen der Theorie ist es freilich nirgends getan, wir bedürfen der *Praxis*. Praxis: nämlich veränderndes, jedenfalls auf Veränderung gestelltes Handeln, finden wir gewiß nicht allein in der Renaissance einer mächtigen wissenschaftlichen und philosophischen Tradition: eben des Marxismus (des historischen Materialismus, der Kritik der Politischen Ökonomie). *Lehren* freilich oszilliert schon deutlich zwischen Praxis und Theorie – wir erinnern an L. Feuerbach (S. 47). Bewußtsein zu verändern, was anteilweise Funktion der Lehre sein kann, ist insoweit Praxis. Es bedarf dazu einer auf Dauer gestellten Politisierung in unserem Arbeitsbereich, der Wissenschaft, in ihren Verzweigungen der Produktion, Qualifikation und Sozialisation, und einer schon immer politisch verstandenen Organisierung unserer Lebenstätigkeit – die alte Formel dafür hieß: Demokratisierung der Universität. Sie implizierte den Widerstand gegen viele Formen der Fremdsteuerung und gegen Privateigentumsverhältnisse zu Prozessen und Produkten wissenschaftlicher Produktion. Weil hierin Wissenschaft auf *Autonomie* besteht, Autonomie aber die Überwindung der gesellschaftlichen Isolierung voraussetzt, in der die Teilnehmer am Prozeß wissenschaftlicher Produktion in kapitalistischen Gesellschaften üblicherweise verharren, *kann* das mit ›Politisierung der Wissenschaft‹ und ›Demokratisierung der Universität‹ umrissene Programm sozialistischer Hochschulpolitik ohne Kommunikation mit den Werktätigen und Lohnabhängigen des Landes nicht gedacht werden.*

* Einige Ansatzpunkte dafür haben wir genannt; sie sind uns allen geläufig: In Subsystemen (Betrieb; Lehrlinge, Schüler ...), in Gemeinden und Subregionen (Wohnviertel) liegen Zonen möglicher Aktivierung, die von den überregional gegliederten Organisationen, Verwaltungen usw. nur schwer in Kontrolle genommen werden können. Im Bereich ihrer primären Sozialerfahrung: Betrieb, Wohnviertel, evtl. Schule organisiert sich auch die Spontaneität der streitbaren Lohnabhängigen und bestimmter Bevölkerungsgruppen. Der Weg zur Rekonstruktion von Klassenbewußtsein wird, soweit wir sehen, über eine solche *Lokalisierung* von Emanzipation gehen.

4. Zeiten der Gefahr fordern *solidarisches Handeln.* Wie aber sollen wir dorthin gelangen?* Wir finden die Chance zu solidarischem Handeln nicht einfach vor – als eine, die wir jederzeit nützen können. Repressionen der Staatsgewalt treffen revolutionäre Bewegungen viel eher in einem Zustand ihrer Schwäche als etwa auf dem Höhepunkt solidarischer Beweglichkeit. Die gegenwärtige Aufsplitterung der ›Linken‹ kann nicht voluntaristisch aufgehoben – »Vereinheitlichung« ist das organisationsbürokratische Schlagwort –, sie kann nur aus- oder durchgekämpft werden. Es hat wenig Sinn, moralische Appelle an einzelne Gruppen und Gruppierungen zu richten.
Nun führt auch die Frage nach solidarischem Handeln über die Grenzen der Universität hinaus. Wenn wir aber auf solidarische Wechselbeziehungen zwischen der ›Linken‹ an der Universität und der Arbeiterklasse hoffen, und erst in *ihnen* würde erfüllt, was ›solidarisches Handeln autonomer Wissenschafter‹ meint und einbeschließt, muß die wissenschaftliche Fraktion des gesellschaftlichen Gesamtarbeiters sich die Frage nach ihrer politischen Qualität als Bündnispartner einer durch und gegen das Kapital sich entfaltenden Arbeiterklasse stellen. Darüber würden wir uns sicherlich einigen können, daß gerade die revolutionäre Intelligenz, daß gerade die ›Neue Linke‹ in der BRD sich nicht in einem Zustand befindet, in dem sie ein möglicher Bündnispartner wäre. Entgegen mancher anderen Annahme sind *wir,* die Autoren, der Ansicht, daß wir uns solche Bündnisqualitäten nur durch konsistente und konsequente Politisierung im *eigenen* Lebens-, Erfahrungs- und Arbeitsbereich und durch Kritik und Entwicklung autochthoner Lebenstätigkeiten der Intelligenz für andere und in anderen Bereichen erwerben können. Die These Walter Benjamins[1], derzufolge die »Politisierung der Intelligenz« nur in der »Politisierung der eigenen Klasse« bestehen könne, trifft, wenn sie auch nicht in dieser Ausschließlichkeit festgehalten werden kann, Richtiges: Die politische Wirksamkeit der Intelligenz über sich selber und die eigene Klasse hinaus ist gebunden an die Erweiterung und Veränderung ihres eigenen historisch bestimmten Erfahrungshorizontes und hat zur Bedingung die Auflösung historisch überständiger Massenloyalitäten des Proletariats. Die Frage nach unserer *Glaubwürdigkeit* für die Arbeiterklasse hängt also letztlich von der humanen und tendenziell parteilichen Organisierung unserer Produktionsbedingungen, -weisen und -ziele ab – von der Politisierung der Wissenschaft und der Demokratisierung der Universität.

5. Was wäre noch zu sagen? Unser Ruf ›*Venceremos*‹ kann nie

* Vgl. M. Vester, Solidarisierung als historischer Lernprozeß. In: D. Kerbs (Hrg.), Die hedonistische Linke. Neuwied/Berlin 1971.

mehr sein als eine Erinnerung an Zeiten, in denen wir solidarischem Handeln näher waren als heute. Wir *müssen* nicht siegen, geschichtlich ist wenig ausgemacht; der Sozialismus ist eine Wahrheit, die des Bewußtseins der Sozialisten bedarf, um aus den widersprüchlichen Tendenzen der Geschichte ans Licht zu gelangen. Dieses: unser eigenes Bewußsein, wäre gegenwärtig *das* dringliche Feld von Praxis.

Anmerkungen

Anmerkung zu S. 10

Zwei typische Fälle:
Der Fall Flemming
In Hamburg-Bergedorf wurde im Frühjahr 1970 der Lehrer Flemming gegen den entschiedenen Widerstand seiner Schüler versetzt. Er hatte in einer Schülerzeitung einen Artikel über Sexualaufklärung mit unterzeichnet und war bei dem Versuch, fortschrittliche Unterrichtsmethoden einzuführen, in Widerspruch zu der Mehrheit seiner Kollegen geraten. Er hatte im Unterricht in Zusammenarbeit mit seinen Schülern versucht, Themen zu bearbeiten, die ihren Interessen tatsächlich entgegenkamen. Ihm wurde deshalb vorgeworfen, er habe »eine Mädchenschule in einen Puff verwandeln wollen« und er habe »die Luisenschule für den Bolschewismus sturmreif schießen wollen«.

Der Fall Dressler
Dr. Wilhelm Dressler versuchte 1969 als Lehrer an einer Volksschule in Buxtehude eine SMV aufzubauen, »als eine Organisation zur Artikulation der Schülerinteressen und zur Kanalisation des Schülerprotests, der sich bisher in den bekannten Einzelaktionen, individuellem Ungehorsam u. ä. geäußert hatte.«
Dressler, dessen pädagogische »Auffassung von einer modernen demokratischen Schule nicht allzu weit von den gewerkschaftlichen Forderungen entfernt zu liegen schien, wurde trotz »persönlicher und pädagogischer Übereinstimmung« mit Prof. Rupprecht – Leiter der Schulabteilung im Nds. Kultusministerium – aus dem niedersächsischen Schuldienst entlassen, weil sein Schulleiter (Saurin), der seine »Entlassung begründete und einleitete, die Position des Kreisvorsitzenden der GEW Stade und des Kreispersonalratsvorsitzenden innehat«.
Das Land Hessen hat Dressler die Einstellung an der Gesamtschule Kassel und damit die Übernahme in das Beamtenverhältnis angeboten, jedoch später die Zusage zurückgezogen. Dressler ist jetzt Dozent am PI in Hamburg.

Anmerkung zu S. 10 f.

Einige Fakten zum ›*Berufsverbot*‹:
1. Als – damals noch – konsequenter Pazifist emigrierte Massimo Gander 1961 in die BRD, um dem Wehrdienst in der italienischen Armee zu entgehen. Er erhält die deutsche Staatsangehörigkeit, holt das Abitur nach, besteht seine Staatsexamina und wird, als Studienreferendar, für die Kriegsdienstverweigerer tätig. Nach einigen Schwierigkeiten in Rheinland-Pfalz wird er im Frühjahr 1971 aus dem Schuldienst entlassen; wenige Monate vorher hatte er am Rande des NATO-Flugplatzes Hahn auf dem Hunsrück Flugblätter antimilitärischen Inhalts verteilt. Weil er die Beratung von jungen Wehrpflichtigen ›beruflich‹ betrieben habe, wird er wegen ›unerlaubter Rechtsbesorgung‹ verurteilt. (›UZ‹ v. 18. 2. 1972).
2. *Fall Gohl:* Landesschulrat Wolfgang Neckel von der Schulbehörde Hamburg enthob Lehrer Gohl seiner Funktion als Kreisfachberater für Politik mit der Begründung, er habe sich öffentlich zur Kommunistischen Partei bekannt.
3. *Fall Richter:* In Schleswig-Holstein erhielt Lehrer Siegfried Richter, 30 Jahre, seine Entlassung aus dem Schuldienst, weil der Verfassungsschutz gemeldet hatte, daß er Mitglied des Flensburger »Sozialistischen Zentrums« sei.

4. *Fall Nürnberg:* In Rheinland-Pfalz wurde die Junglehrerin Marion Nürnberg nicht als Beamtin eingestellt. Kultusminister Dr. Bernhard Vogel sagte hierzu in seiner Begründung: »Im Dezember 1970 haben Sie bei den Wahlen zum Studentenparlament für den Spartakus kandidiert und dadurch über Ihre Mitgliedschaft hinaus Ihr aktives positives Engagement unter Beweis gestellt.«

5. *Fall Laux:* B. Laux hatte sich als Referendarsprecher am Studienseminar durch konsequente Interessenvertretung beim zuständigen Oberschulrat unbeliebt gemacht. Die Schulbehörde konterte prompt mit der Weigerung, ihn nach Beendigung seines Referendariats in den Schuldienst zu übernehmen, zumal er noch Mitglied einer Lehrergruppe sei, in der auch DKP-Mitglieder arbeiteten.

Die offizielle Begründung bekundete denn auch: »Eine Behörde ist gesetzlich dazu verpflichtet, bei jeder Einstellung sich darüber Rechenschaft abzulegen, ob der künftige Beamte die Gewähr dafür bietet, daß er alle Aufgaben und Pflichten, die ihm übertragen werden, vollständig und gewissenhaft erfüllt. ... Durch Ihr Verhalten an der Schule haben Sie ein solches Vertrauen (!) nicht gerechtfertigt. Dem Amt für Schule bleibt deshalb keine andere Wahl, als auf Ihre Einstellung zu verzichten.«

Laux wurde von der Schule, an der er zehn Monate gearbeitet hatte, positiv beurteilt. Aber in der Funktion als Sprecher des Referendarausschusses hatte Laux Auseinandersetzungen mit Landesschulrat Neckel.

6. *Der Fall Hofmann:*

Brigitte Hofmann, Tochter eines Kommunisten, die ihr Pädagogikstudium in der DDR absolviert hat, erhielt sechs Wochen nach ihrer vorbehaltlichen Einstellung in den nds. Schuldienst ihre Kündigung, »aus grundsätzlichen Erwägungen«.

7. und 8. *Die Fälle Fichtner und Booß:*

Ohne Begründung erhielt der angestellte Lehramtsassessor Bernhard Fichtner (29) drei Tage vor seinem Dienstantritt in der Gesamtschule Kamen die Mitteilung des Schulkollegiums Münster, daß er auf Grund einer Entscheidung des Düsseldorfer Kultusministeriums nicht in den Schuldienst eingestellt und zum Beamten ernannt werden könne. Die Gesamtschulleitung war bis zum Zeitpunkt des vorgesehenen Dienstantrittes von Fichtner (1. 2. 72) nicht von dieser erst jetzt publik gewordenen Entscheidung unterrichtet.

Der mit Noten zwischen »ausgezeichnet« und »sehr gut« beurteilte Junglehrer äußerte die Vermutung, daß der Grund für die Maßregel seine Mitgliedschaft in der DKP sei. Fichtner versicherte allerdings, daß er deswegen nie den von ihm geleisteten Diensteid verletzt habe und sich weiterhin daran gebunden fühle. Ein Einspruch Fichtners wurde inzwischen vom Verwaltungsgericht Münster abgelehnt.

Die kurz hintereinander getroffenen Entscheidungen der Fälle Fichtner und des Bonner Referendars Booß, die ohne Anhörung der Betroffenen rein formal auf Grund ihrer DKP-Mitgliedschaft getroffen wurden, stehen im krassen Gegensatz zu Äußerungen des nordrhein-westfälischen Ministerpräsidenten Heinz Kühn (SPD), der nach dem Grundsatzbeschluß der Ministerpräsidenten zu dieser Frage mehrfach erklärt hatte, »jeder Fall werde einzeln geprüft«. Vgl. zu Booß auch den ›Vorwärts‹ vom 10. 2. 1972; der ›Vorwärts‹ sprach von ›portugiesischen Zuständen‹ in Nordrhein-Westfalen.

Anmerkung zu S. 18

Der ›Regensburger Stadtanzeiger‹ brachte in seiner Ausgabe vom 12./13. 2. 1972 den folgenden Leserbrief:

»Im Grunde geht es also auch in der Kontroverse um die richtige Hochschulpolitik, um die prinzipielle Alternative zwischen einem sozialdemokratischen

Standpunkt, der dem Parlament und den parlamentarischen Parteien die Funktion zutraut, den Lebensprozeß der Gesellschaft nach seinen entscheidenden Bedingungen politisch zu vermitteln, und dem sozialistischen Standpunkt, der die Struktur des gesellschaftlichen Lebensprozesses als Resultat einer bestimmten vorgängigen Organisation der gesellschaftlichen Arbeit begreift und daher parlamentarische Politik als nicht autonom, vielmehr als fremdbestimmtes funktionales Moment in diesem Gesamtsystem durchschaut. Dieser Angriff auf die bei uns bestehende parlamentarische Demokratie ist enthalten in einem dreiseitigen Pamphlet zur Hochschulpolitik von stud. phil. Konrad Hecker. Derartige Äußerungen finden sich nicht, wie man meinen könnte, in einem Organ der DKP oder des marxistischen Studentenbundes Spartakus (er existiert neuerdings auch in Regensburg), sondern in den allein vom Steuerzahler finanzierten und kostenlos verteilten Informationen der Universität Regensburg (Nr. 1/1972, Auflage 1000 bis 1500). Verantwortlicher Herausgeber dieser zumindest halbamtlichen Publikation ist der Rektor der Universität Professor Dr. Gustav Max Obermair.
Professor Dr. Adolf Lippold, Regensburg«.
Ein zweiter Ordinarius der Universität beantragte beim Kultusministerium in München eine Überprüfung der ›Uni-Informationen‹ auf *Verfassungskonformität* hin und forderte eine Dienstaufsichtsbeschwerde gegen den Rektor der Universität. Sobald referierende Beiträge der obengenannten Art verfolgt werden, hat das *Denkverbot* begonnen. Auch hier gilt, daß ein Weg von 1000 Meilen mit einem ersten Schritt eröffnet wird.

Anmerkung zu S. 33

Eine auch nur einigermaßen demokratiekonforme Position der Polizei wird von verschiedenen Ecken her bedroht. Die *Gewerkschaft der Polizei* (GdP) in Baden-Württemberg erließ am 12. 2. 1972 einen Schnellbrief, zugleich Presse-Information, mit dem Titel: »Sollen Helfer von Polizistenmördern bei uns Professuren erhalten? Muß der bad.-württ. Polizeibeamte mit seinen Steuern einen Helfer von Polizeimördern bezahlen?« – Der Anlaß: Die sozialwissenschaftliche Fakultät an der Universität Heidelberg hatte beschlossen, einem von uns (P. Brückner) eine Gastprofessur anzubieten, obwohl er oder weil er aufgrund einer dpa-Mitteilung über den Ruhland-Prozeß in Düsseldorf vom niedersächsischen Kultusminister suspendiert worden war. »Wie wollen wir es moralisch verantworten«, so die GdP Baden-Württemberg, »den Verkehrssünder zu belangen, den Dieb und Betrüger einzusperren, wenn ein Helfer von einer Mörderbande Professor in unserem Lande wird«, und kündigte durch ihren Vorsitzenden Siemann (CDU) zugleich für den Fall der Erteilung einer Gastprofessur »Protestaktionen« von ca. 10 000 Mitgliedern der GdP an. Muß man hinzufügen, daß (a) die von Siemann gemeinten Vorgänge – Herbst und Winter 1971 – bei einem Bankeinbruch in Kaiserslautern und eine Schießerei auf der Autobahn in Süddeutschland der R.A.F. bis dato nicht nachgewiesen waren – die Bundesanwaltschaft hatte in beiden Fällen die Ermittlungen nicht einmal an sich gezogen; daß (b) P. Brückner nicht nur nicht rechtskräftig verurteilt, daß nicht nur gegen ihn noch nicht einmal ein Strafverfahren vor einem ordentlichen Gericht begonnen wurde, sondern daß der gegen ihn bestehende Verdacht sich auf einige Übernachtungen im Okt./Nov. 1970 bezieht. Was soll man von einer Polizei-Organisation denken, die nicht nur in ›Bild-Zeitungs‹-Manier Grundsätze des Rechtsstaats preisgibt, die sie angeblich verteidigt, die ihre Funktionen extensiv auslegt (hat sie ›den Dieb und Betrüger einzusperren‹?), sondern die die autonome Berufungspolitik der Universität Heidelberg durch Ankündigung von Protest-Aktionen von 10 000 Polizisten unter Druck setzen möchte?
Indessen nähern wir uns dem Polizeistaat, oder richtiger: der *Polizeikultur*

noch auf andere Weise. Nach einer Meldung des ›Spiegel‹ vom 31. 1. 1972 hat die SPD in Westberlin parteiinterne Vernehmungsprotokolle der Politischen Polizei zur Verfügung gestellt – und weigert sich zu erläutern, warum und nach welchem Recht.

Anmerkung zu S. 48

Ein Beispiel für die Mobilisierung reaktionärer Bourgeoisie im Bildungsbereich veröffentlichte ›konkret‹ am 28. 9. 1971: »›Stecht die kommunistischen staatsfeindlichen Blasen auf‹, fordern seit einigen Monaten ›demokratische Lehrer‹ in Westberlin. Sie verbreiten ein ›anonymes Informationsblatt‹ namens ›Kotzrok‹, das vervielfältigt an Berliner Schulen verteilt und Schülern, Lehrern, Eltern und Schulämtern zugestellt wird. Fortschrittliche Lehrer werden darin mit Name, Adresse und Telefonnummer als ›Kommunisten‹ und ›Staatsfeinde‹ diffamiert. Erfolg: Eingeworfene Fensterscheiben, anonyme Drohungen und Brandstiftung in einem linken Buchladen. ›Es muß gehandelt werden gegenüber dem wachsenden Terror, der von den Roten Zellen der Hochschulen zu uns kommt‹, schreibt ›Kotzrok‹. ›Terror‹ an Westberliner Schulen, das ist für die Verfasser zum Beispiel, wenn ›über Eigentum diskutiert‹ wird oder Raucherlaubnis und Teamarbeit bei Klassenarbeiten. ›Kotzrok‹ über sich selbst: ›Weil uns Lehrer die Passivität der sogenannten ›schweigenden Mehrheit‹ langsam – man entschuldige das Wort – anKOTZT, haben wir unseren Informationsdienst so genannt. ROK = Resistance oder Kapitulation.‹
Neben Lehrern und Schülern sind es vor allem Ex-Schulsenator Carl Heinz Evers und Erich Frister, Vorsitzender der Gewerkschaft Erziehung und Wissenschaft (GEW), die den rechtsradikalen Pamphletschreibern als Zielscheibe dienen. Über Evers: ›Die rote Spinne‹, ›CHE Nr. 2, der kleine Stadtguerilla. Über die GEW und ihren Bundesvorsitzenden: ›Frister oder Frißt er nicht‹ und: ›Alle Eingeweihten wissen, wie tief sich die Kommunisten schon in das Fleisch der GEW eingefressen haben.‹
Wo die ›Kotzrok‹-Autoren sitzen, ist sicher: in der Berliner CDU. ›Quick‹ machte es Ende Juni offenbar: Unter der Überschrift ›Die Revolution greift nach unseren Kindern – APO-Terror in Deutschlands Schulen‹ wurde wieder einmal jede fortschrittliche Erziehung diffamiert. Auch Westberlins Schulen wurden angegriffen. Und zufällig stimmen ganze Satz-Passagen des ›Quick‹-Berichtes mit dem ›Kotzrok‹ wörtlich überein. ›Quick‹ gibt zu, daß die Hauptinformantin aus Berlin die CDU-Abgeordnete Ursula Besser gewesen ist. Frau Besser: ›Ich habe umfangreiches Material zur Verfügung gestellt.‹ Ursula Besser ist es auch, die hin und wieder an den Krisen auf Bestellung mitwirkt.«
Und: »Die sonst bei Linken so diensteifrigen Berliner Law-and-Order-Behörden von Polizei, Staatsanwaltschaft und Verfassungsschutz zeigen sich – trotz mehrerer Strafanzeigen – nicht willens, das Kanaldeckel-Dasein der ›Kotzroker‹ zu beenden, obwohl die ständig angegebene Postlager-Nummer A 051 392 beim Postamt 120 leicht weiterhelfen könnte.
Im Gegenteil: ›Kotzrok‹ scheint beste Beziehungen zu Berliner Amtsstuben zu haben, denn es ist immer sehr gut über den Inhalt von Dienstaufsichtsbeschwerden gegen progressive Lehrer informiert (die es zum Teil wohl auch selber einreicht).«

Anmerkung zu S. 60

H. Blumenthal in einem Leserbrief an den ›Spiegel‹ (14. 2. 1972): Anfang März 1953 hatte ich die »Ehre«, Herrn Schrübbers kennenzulernen. Unsere »Begegnung« fand im Duisburger Gerichtsgefängnis statt, in dem ich als politischer Untersuchungshäftling eingesperrt war. Als Angehöriger der westdeutschen FDJ war ich ein Opfer der antikommunistischen Hysterie geworden. Als er mich in meiner Zelle aufsuchte, betonte er ausdrücklich, daß das Einsperren von Kommunisten völlig in Ordnung sei. Schrübbers behielt also auch nach 1945 die Meinung, Kommunisten seien »im Gefängnis ... gut aufgehoben«.

Anmerkung zu S. 65

Gründe dafür finden sich im Kapitel über »Internationales Kapital, Staatskrise und Massenloyalität«. Es scheint so, als wenn z. B. der Anwurf libertären Sexualverhaltens gegenwärtig aus dem Feindbild der Linken verschwindet. Die avanciertesten Vertreter der Gegen-Aufklärung halten es gegenwärtig schon der Linken als Köder hin. So schreibt Mathias Walden – lyrisch gestimmt – in einer Betrachtung mit dem Titel »Die Welt verbessern mit 9 mm?« in ›WamS‹ vom 5. 3. 1972: »Es heißt, daß die amerikanischen Studenten wieder lernen gelernt und die Zündschnüre zur Sprengung des vermeintlich absoluten Bösen zu vernachlässigen begonnen haben. Statt das beste Leben erzwingen zu wollen, versuchen sie, das Beste aus ihrem Leben zu machen. Wasserski in Kalifornien, eine Reise in die Rocky Mountains, ein Abend im Kino, eine Nacht in den Armen eines anderen Menschen. Die Zukunft voller Fragezeichen, die – entgegen anderslautender ideologischer Thesen – zuverlässiger sind als die Ausrufezeichen der Dogmen. Ab und zu ein Punkt gewonnener Einsicht. Wie es immer war, wie es immer sein wird. Resignation? Symptome der Reife. Nie ist alles gut. Immer kann alles besser werden.«
In den Vordergrund tritt das Stigma von Intransigenz und Dogmatismus, von Gewaltsamkeit und Menschenverachtung.

Literatur, Quellen

Vorbemerkung

1 W. Benjamin, Politisierung der Intelligenz. In: Angelus Novus, Frankfurt a. M. 1966, S. 427

I. Einleitung

1, 2 J. Agnoli, Die Transformation der Demokratie. In: J. A. / P. Brückner, Die Transformation . . ., Frankfurt a. M. 1968, S. 53
3 Gauche prolétarienne, Volkskrieg in Frankreich? Strategie und Taktik der proletarischen Linken. Berlin 1972
4 a.a.O. S. 53 f.
5 P. Brückner, Schülerliebe. Hamburg 1971
6 P. Brückner, Springer-Presse und Volksverhetzung. In: Kritische Justiz (4) 1969, S. 341 f.
7 ›Berliner Morgenpost‹ Nr. 31 vom 6. 2. 72
8 ›Hannoversche Allgemeine Zeitung‹ vom 23. 2. 72
9 ›Hannoversche Allgemeine Zeitung‹ vom 1. 3. 72
10 ›Die Welt‹ vom 12. 1. 72 (N)
11 P. Brückner, Die Transformation des demokratischen Bewußtseins. In: vergl. 1, S. 163
12 ›Berliner Morgenpost‹ Nr. 31 vom 6. 2. 72
13 ›Rote Robe‹ Nr. 5 1971, S. 18
13a Stuttgart 1965, S. 93 f., vgl. das ganze Kap. »Der Parlamentarische Rat in Bonn«
14 ›Der Spiegel‹ Nr. 10 vom 28. 2. 72 und ›Die Zeit‹ vom 25. 2. 72
15 ›Der Spiegel‹ Nr. 8 vom 14. 2. 72
16 ›Die Woche‹ Augsburg, vom 10. 2. 72
17 ›Die Welt‹ vom 25. 11. 71
18 ›Heidelberger Tageblatt‹ vom 26. 2. 1972
19 ›Vorwärts‹ vom 10. 2. 72
20 M. Vester, Die Gegenreform – Kampagne 1970-1972 – Zur Einordnung der »Fälle« Brückner und Seifert. In: ›links‹ Nr. 31 vom März 1972, S. 9 ff.
21 ›FAZ‹ Nr. 11 vom 14. 1. 72
22 Die letzten Fälle – ex officio – vor 1971: »Materialien über den 22. Parteitag der KPdSU« (1961; 1964 vom Bundesgerichtshof aufgehoben); Chruschtschow-Reden (1964). Siehe dazu: Lutz Lehmann, Legal & Opportun. Politische Justiz in der Bundesrepublik. Berlin 1966.
23 Siehe dazu: Albrecht Götz von Olenhusen, Politische Literatur und Politische Justiz. Frankfurter Hefte 6/1971
24 Siehe dazu die vom Verlag Klaus Wagenbach herausgegebene »Dokumentation über Aktionen gegen die Arbeit des Verlags«. Beilage zu ›Kursbuch‹ 26
25 siehe »Dokumentation«, a.a.O.
26 G. v. Paczensky, Die Folgen der Ära Adenauer im Fernsehen. In: Information – oder Herrschen die Souffleure? Hamburg 1964, S. 128 ff.
27 ›Frankfurter Rundschau‹ vom 14. 2. 72
28 ›Frankfurter Rundschau‹ vom 24. 2. 72
29 ›Der Spiegel‹ vom 8. 1. 72
30 Mitteilungen der Humanistischen Union, Nr. 52, 1971

31 ›Vorwärts‹ vom 10. 2. 72
32 ›Vorwärts‹ vom 10. 2. 72; vgl. auch ›Der Spiegel‹ vom 14. 2. 72 zum gleichen Thema
33 P. Brückner, vgl. Hinweisziffer 6 (Springer-Gutachten)
34 P. Brückner, Zur Sozialpsychologie des Kapitalismus. Frankfurt a. M. 1972, S. 168 ff.
35 Gauche prolétarienne, Volkskrieg in Frankreich? vgl. Hinweisziffer 3
36 M. Vester in ›links‹ Nr. 31 1972, S. 9 ff.
37 zitiert nach ›Rote Robe‹ Nr. 1 1972, S. 3
38 zitiert nach den Mitteilungen der CSU-Landesgruppe über ihre Tätigkeit im Bundestag
39 Zur Eskalation des Waffengebrauchs vgl. P. Brückner, Staatsfeind Nummer Eins? In: ›twen‹ Nr. 5 1971, S. 16 ff.
40 ›info‹ Nr. 124, Nachrichten für die Studenten der Universität Heidelberg, Hrsg. ASTA der Universität Heidelberg, vom 22. 11. 1971
41 zitiert nach ›Rote Hilfe‹ Nr. 1 Dezember 1971, Westberlin
42 Wir erinnern an einschlägige Reportagen von G. Wallraff
43 P. Brückner, Zur Sozialpsychologie des Kapitalismus. Frankfurt a. M. 1972, S. 162 f.
44 ›Frankfurter Rundschau‹ vom 31. 8. 71
45 zitiert nach ›Rote Robe‹ Nr. 5 1971
46 wie Hinweisziffer 45; vgl. auch ›Roter Diwan‹, Heidelberg, vom 30. 6. 71
47 ›Der Spiegel‹ vom 14. 2. 72
48 wie Hinweisziffer 40 (›info‹, ASTA Heidelberg)
49 Presseerklärung von 32 Rechtsanwälten, Hamburg, vom 30. 10. 1971
50 ›Der Spiegel‹ vom 14. 2. 72
51 zitiert nach ›Rote Robe‹ Nr. 1 1972
52 siehe Hinweisziffer 51
53 ›die tat‹ Nr. 6 vom 5. 2. 1972
54 ›die tat‹ Nr. 4 vom 29. 1. 1972
55 ›Süddeutsche Zeitung‹ vom 8. 1. 72
56 Wir stützen die Sachdarstellung auf die ›Frankfurter Rundschau‹ vom 27. 1. 72 und die ›UZ‹ vom 21. 1. 1971, die rechtliche Darstellung und Würdigung auf ›Rote Robe‹ Nr. 1 1972
56a Arbeitsrecht, 3. Band: Betriebsverfassungsrecht, Tübingen 1966 (2. Aufl.), S. 225 f.
57 ›Frankfurter Rundschau‹ vom 22. 2. 72
58 A. Kuhlwein berichtete am 11. 3. 1972 im NDR II in der Sendung »Fünf Minuten Politik«, die im Rahmen der Internationalen Hitparade gesendet wird, über diesen Fall.
59 ›Frankfurter Rundschau‹ vom 8. 2. 72
60 z. B. ›Frankfurter Rundschau‹ vom 10. 2. 72
61 vgl. ›Der Spiegel‹ Nr. 8 1972
62 ›Hannoversche Allgemeine Zeitung‹ vom 25. 2. 72
63 ›Die Welt‹ vom 11. 2. 72
64 ›Frankfurter Rundschau‹ vom 26. 2. 72
65 ›Der Spiegel‹ Nr. 7 1972

II. Die innerstaatliche Feinderklärung

1 H. Ridder, Grundgesetz, Notstand und politisches Strafrecht. Frankfurt a. M. 1964, S. 10 f.
2 C. Schmitt, Politische Theologie. Vier Kapitel zur Lehre von der Souveränität. München und Leipzig 1934², S. 69

3 Notstandsentwurf '67. Text und Kritik. – Industriegewerkschaft Metall für die Bundesrepublik Deutschland.
4 K.-H. Roth (unter Mitarbeit von N. Neumann und H. Leib), Invasionsziel DDR. Hamburg 1970
5 C. Schmitt, a.a.O., S. 18 f.
6 K. Kullmann, »Einfache« Notstandsgesetze und Herrschaftsstruktur in der BRD. In: Blätter f. dtsch. u. internat. Politik Nr. 6 1968, S. 588 ff.
K. Kullmann, Kritische Rezension der ›Kritik der Notstandsgesetze‹. In: Kritische Justiz Nr 2 1969, S. 212 ff.
7 In: Am Beispiel Angela Davis. Sozialistisches Büro Offenbach, September 1971, S. 13 f.
8 J. Agnoli, a.a.O., S. 53 ff.
9 In: ›Staatsgefährdende Umtriebe‹, Voltaire Flugschrift Nr. 11, Berlin 1968
10 M. Vester, a.a.O.

IV. Internationales Kapital, Staatskrise und Massenloyalität

1 H.-J. Krahl, Konstitution und Klassenkampf. Frankfurt a. M. 1971, S. 267 f.
2 In: Die Aktualität der Revolution. Nachtrag zur Strategie der Arbeiterbewegung. Frankfurt a. M. 1970
3, 4, 5 Vgl. hierzu: Sweezy/Magdoff, Zur multinationalen Korporation; F. Magri, Der französische Mai und die Revolution im Westen. In: Sozialistisches Jahrbuch 2, Westberlin 1970 (Rotbuch 23), S. 18 ff. und S. 42 ff. Ferner: P. Boccara, Zum staatsmonopolistischen Kapitalismus. In: ›SoPo‹ Nr. 11 1971, S. 7 ff.
6 In: Sozialpsychologie im industriellen Zeitalter. Hamburg 1956 (rde)
7 M. Vester, a.a.O.
8 ›Der Spiegel‹ Nr. 10 vom 28. 2. 72
9 Siehe Hinweisziffer 3 bis 5
10 M. Vester, a.a.O.
11 P. Brückner, Sozialpsychologie des Kapitalismus. Frankfurt a. M., 1972, S. 156 ff.
12 Siehe: ›Frankfurter Allgemeine Zeitung‹ vom 11. 2. 72, S. 2 und 4; ›Frankfurter Rundschau‹ vom 12. 2. 72
13 P. Brückner, Schülerliebe. Hamburg 1970, S. 122 ff.

V. Innerstaatliche Feinderklärung – Warum nach ›links‹?

1 Siehe: ›Der Spiegel‹ Nr. 12 vom 13. 3. 72, S. 19
2 ›Frankfurter Allgemeine Zeitung‹ vom 11. 2. 72

VI. Was können wir tun?

1 a.a.O., S. 248